달달 읽고 **곰곰** 생각하는

달콤한
문해력 기본서

5~6학년 추천

초등
5단계
B

문해력은 글을 읽고 쓰는 기초 능력이자

글을 이해하고 분석하고 비판하고 문제를 해결하는 고도의 능력입니다.

그래서 기본기 없이는 문해력을 갖기 어렵습니다.

그렇다면 문해력의 기본기를 탄탄하게 하기 위해서는 무엇을 해야 할까요?

바로 글을 이루는 기본 단위부터 글을 정교하게 읽는 방법까지

개념 하나하나를 익히고, 그 개념들을 엮고 활용하는 훈련을 해야 합니다.

달곰한 문해력 기본서를 한 학년 동안 익히면 40개의 개념 퍼즐을 맞추게 되고,

전 학년 익히면 200개의 개념 퍼즐을 완성하게 됩니다.

그러면 우리가 상상하는 것보다 더 근사하고 굉장한 힘인 '문해력'을 갖게 될 것입니다.

문해력, 왜 필요한가요?

한 번 읽었던 지문은 이해도 잘 되고, 문제도 잘 풀어요.
그런데 다른 과목처럼 실력이 쌓이는 것 같지 않아요.
새로운 글을 읽을 때마다 다시 처음부터 시작이에요.

지금, 문해력의 기본을 익혀야 합니다.

용어만 다를 뿐 독해력과 문해력은 같은 것 아닌가요?

국어 공부뿐만 아니라 다른 과목의 학습을 위해서 둘 다 꼭 필요한 능력이지만 분명한 차이가 있습니다.

독해력
- 글을 읽고 이해하는 능력
- 글의 정보를 이해하고 이를 바탕으로 다양한 문제를 풀고 표현하는 능력

문해력
- 글을 읽고 이해하고, 분석하고, 표현하는 능력
- 글의 정보를 이해하고 글 속에 담긴 의도와 맥락을 분석하고 비판하는 능력

시험이 목표라면 독해력을 향상시키는 연습이 더 중요할 것이고,
국어 실력 향상이 목표라면 문해력으로 기본기를 탄탄히 다져야 합니다.

문해력인데 왜 교과서 개념으로 익혀요?

국어 교과서
- 말하고, 듣고, 읽고, 쓰는 활동을 배우는 과목
- 다른 과목의 내용까지 읽고 이해할 수 있도록 문해력 향상의 기본이 되는 과목

 어떤가요?

문해력의 기본은 교과서 개념으로 다져야겠지요?

문해력 기본서는 일석삼조(一石三鳥)가 됩니다.

문해력의 기본을 익힌다

- 각 학년의 교육 과정에 있는 국어 교과서 개념을 다루어서 교과서 개념 학습을 따로 할 필요가 없습니다.
- 다른 과목의 자료를 읽고 이해하며 학습한 것에 대한 수행 평가를 하는 데에도 큰 도움이 됩니다.
- 다양한 글을 비판적으로 분석하고 표현하는 능력은 중고등학교 학업 성과를 높이는 단단한 기초가 됩니다.

"달콤한 문해력 기본서와 함께
문해력 공부를 시작해 보세요"

문해력은 아이들의 미래를 결정짓는 가장 중요한 능력 중 하나입니다. 현대 사회에서 문해력은 단순히 글자를 읽고 쓰는 수준에 그치지 않고, 다양한 정보를 이해하고 분석하며, 자신의 생각을 논리적으로 표현하는 능력으로 확장되고 있습니다. 문해력은 **우리 아이들이 사회의 주역으로 성장하는 데 반드시 갖추어야 할 필수적인 능력인 것입니다.**

언론을 통해 문해력 저하를 우려하는 뉴스와 기사들을 종종 접합니다. 학교 현장에서 아이들을 가르치는 선생님들도 초등학생의 문해력 저하 현상을 실제로 체감하고 있습니다. 뿐만 아니라 다양한 연구 결과에서 문해력 저하와 관련된 지표들이 보고되고 있습니다. 교육 당국에서는 초등학생의 문해력 신장을 위해 다양한 정책을 추진하고 있습니다.

추천사 **방은수 교수님**

이런 흐름 속에 '달콤한 문해력 기본서' 시리즈가 우리 소중한 아이의 문해력 향상을 목표로 출판되었습니다. 달콤한 문해력 기본서는 **초등 학교 국어 교과서에서 제시하는 기본 개념을 좋은 글과 함께 익힐 수 있도록 구성**되었습니다.

달콤한 문해력 기본서가 우리 아이의 문해력 향상에 큰 도움을 줄 것이라고 생각합니다.

문해력은 아이들이 잠재력을 최대한 발휘하면서 행복한 삶을 살아가는 데 필수적인 능력입니다.
우리 아이들이 스스로 생각하고 판단하며 세상과 소통할 수 있도록,
지금부터 달콤한 문해력 기본서와 함께 문해력 향상을 위한 노력을 시작해 보세요.

100명의 검토 교사 명단

신건철	서울구로초등학교	공은혜	서울보라매초등학교	이내준	서울신곡초등학교	홍현진	삼은초등학교	박장호	신곡초등학교
조민의	서울봉현초등학교	양수영	서울계남초등학교	전채원	인천봉수초등학교	박병주	김천동부초등학교	이상명	검산초등학교
박소연	서울연가초등학교	조원대	글빛초등학교	김 솔	양서초등학교	김희진	보름초등학교	윤지현	서울대치초등학교
김광희	인천연안초등학교	김나영	대전반석초등학교	정선우	대구하빈초등학교	김성신	수현초등학교	조보현	성산초등학교
김성혁	서울가인초등학교	이화수	인천용학초등학교	안기수	관호초등학교	김효주	현동초등학교	정진희	다솜초등학교
선주리	송운초등학교	길수정	천안삼거리초등학교	이용훈	군서초등학교	강수민	대전변동초등학교	최흥섭	대구한실초등학교
서미솔	서울우이초등학교	박은솔	샘말초등학교	최이레	구미원당초등학교	김유나	인천완정초등학교	박한슬	부곡중앙초등학교
김은영	서울신상계초등학교	이상권	인천백석초등학교	구창성	대구월곡초등학교	김석민	인천부평서초등학교	이상은	세종도원초등학교
박원영	서울도림초등학교	정대준	서울가동초등학교	김재성	수현초등학교	박기병	청원초등학교	한동희	대구세천초등학교
최보민	인천해서초등학교	박다솔	신일초등학교	오인표	인천새말초등학교	이기쁨	천안성성초등학교	이영진	신곡초등학교
차지혜	서울누원초등학교	양성남	새봄초등학교	이석민	상탄초등학교	정하준	천안성성초등학교	노희창	문산동초등학교
이근영	서울대방초등학교	백신형	서울증산초등학교	이경희	남양주월산초등학교	배민지	미사초등학교	정민우	참샘초등학교
윤우덕	서울가인초등학교	김나현	인천당산초등학교	김동희	청옥초등학교	허영수	구미신평초등학교	박혜란	수양초등학교
정혜린	서울구룡초등학교	조상희	남양주월산초등학교	이서영	신현초등학교	최흥섭	대구한실초등학교	정금향	한가람초등학교
김일두	성복초등학교	이동민	구미봉곡초등학교	최병호	인천장수초등학교	이동훈	서경초등학교	조소희	참샘초등학교
이혜경	개정초등학교	정광호	아름초등학교	김연상	하안북초등학교	박빛나	목포옥암초등학교	배장헌	구미인덕초등학교
이지현	서울석관초등학교	최지연	서울원명초등학교	조예진	부천중앙초등학교	심하루	세종도원초등학교	김규연	금란초등학교
박다빈	서울연은초등학교	이정민	부천대명초등학교	정혜란	서울행현초등학교	이연정	서울길동초등학교	김고운	구미신평초등학교
김성은	서울역촌초등학교	김성현	인천용학초등학교	서정준	인천부평서초등학교	윤미정	차산초등학교	정요원	갈매초등학교
이지윤	대구새론초등학교	심지현	시흥월곶초등학교	김효주	현동초등학교	이호석	운정초등학교	조민정	다산새봄초등학교

이 책의

구성과 특징

1 개념 사전

그림으로 개념을 한눈에 이해하고, 꼭 알아야 할 교과 개념을 익혀요.

2 개념 확인

짧은 글에서 개념을 찾아보는 연습을 해 보세요.

3 긴글 읽기

[1회독] 막연하게 읽지 말고 지문에 따른 읽기 방법을 적용해서 읽어 보세요.

4 구조 읽기

읽은 내용을 구조화하여 정리해 보세요.

[2회독] 정리가 잘 안 되면 다시 한 번 지문을 꼼꼼하게 읽어요.

5 꼼꼼한 이해

어휘, 글의 정보 등 글의 사실적인 내용을 확인해 보세요.

6 개념의 적용

앞에서 배운 개념이 글에 어떻게 적용되어 있는지 확인해 보세요.

7 생각과 판단

글의 의도, 내용의 옳고 그름 등 추론과 비판 활동을 해 보세요.

8 생각 펼치기

글을 읽고 이해한 자신의 생각을 글로 표현해 보세요.

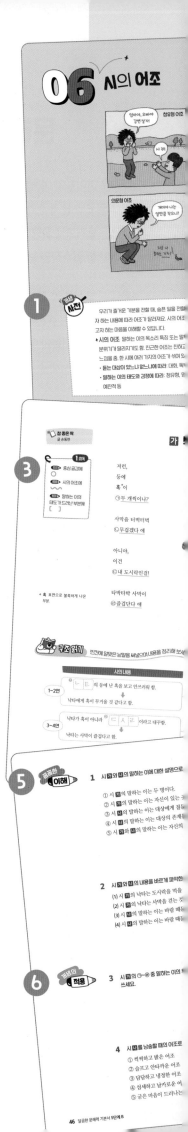

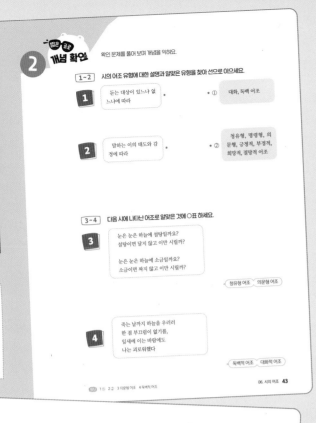

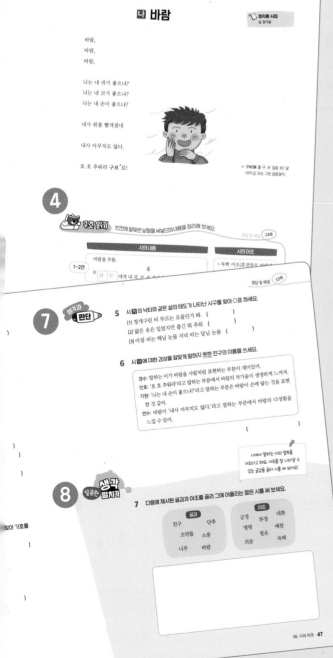

달곰한 문해력 기본서의 3회독 학습법

1 회독
글의 내용을 파악하며 읽기

+ 글의 특성에 따른 읽기 전략 제공
+ 읽기 전략에 따라 교재의 본문에 메모하며 읽으세요.

2 회독
다시 한 번 꼼꼼하게 읽기

+ 빠르게 읽기는 읽기 방법이 완성된 뒤에 해도 늦지 않아요.
+ 내용 정리가 어려울 때는 다시 한 번 본문 내용을 메모하며 읽어요.

3 회독
자신만의 읽기 방법 만들기

+ 정답 및 해설의 읽기 예시와 내가 메모한 내용을 비교해 가며 자신만의 읽기 방법을 만들어요.

차례

1⁺ 주차 에서 우리는

01 시의 **감동**적인 부분

시에는 우리에게 감동을 주는 내용이 들어 있어요. 자신에게 감동을 주는 부분을 찾으며 시를 읽으면 더 능동적으로 시를 감상하게 되어 오래 기억에 남는답니다.

✦시를 읽고 감동적인 부분 찾는 방법

- 시를 읽고 머릿속에 떠오르는 장면을 생각해 보기
- 시에 드러난 대상이나 말하는 이의 마음이 어떤지 짐작하여 보기
- 시의 장면 중 기억에 오랫동안 남는 장면은 무엇인지 생각해 보기
- 자신의 경험 중 시에 드러난 상황과 비슷한 일이 있었는지 떠올려 보기

확인 문제를 풀어 보며 개념을 익혀요.

1~2 **다음 괄호 안에 들어갈 말로 알맞은 것에 ○표 하세요.**

1 시를 읽고 감동적인 부분을 찾을 때는 머릿속에 떠오르는 (장면, 제목)을 생각해 본다.

2 시를 읽고 감동적인 부분을 찾을 때는 시에 드러난 대상이나 (말하는 이, 자신)의 마음을 짐작해 본다.

3~5 **시를 읽은 후에 감동적인 부분에 대해 표현한 글을 읽고, 어떤 방법으로 감동적인 부분을 찾았는지 선으로 이으세요.**

3 「달려라, 자전거」라는 시의 '신나게 달려라, 끝까지 가 보자'라는 부분을 읽으니, 친구들과 자전거를 타고 신나게 달렸던 경험이 떠올랐어.

• ① 시의 장면 떠올리기

4 「눈」이라는 시의 '눈은 혼자 온다, 혼자서 내린다'라는 부분에서 혼자 내리는 눈의 쓸쓸하고 슬픈 마음이 느껴졌어.

• ② 시에 드러난 대상의 마음 짐작해 보기

5 「빗방울」이라는 시의 '또르르 구슬 되어 굴러가지'라는 부분에서 동그란 빗방울이 굴러 떨어지는 장면이 떠올랐어.

• ③ 자신의 경험과 비교하기

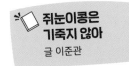

쥐눈이콩은
기죽지 않아
글 이준관

뱀

뱀은 슬프다

풀밭을 지날 때면
자신도 모르게
쉿! 쉿!
기분 나쁜 소리를 내는 몸이 슬프다

아무리 예쁘게 눈을 뜨려고 해도
그만 미운 **뱀눈**˚이 되는
눈이 슬프다

남을 흉보는 것처럼
자꾸만 **날름거리는**˚ 혀가 슬프다

그러나 슬픈 뱀에게도
세상을 위해 할 일이 있단다
그래서 세상에 기다란 뱀으로 태어났단다

˚ **뱀눈** 사납게 생긴 눈을 비유적
으로 이르는 말.

˚ **날름거리다** 혀를 재빨리 자꾸
입 밖으로 내밀었다 넣었다 하다.

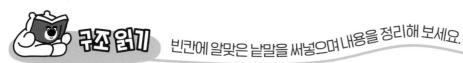
구조 읽기　빈칸에 알맞은 낱말을 써넣으며 내용을 정리해 보세요.

정답 및 해설 04쪽

1연	뱀이 슬픔.	말하는 이의 눈에 비친 뱀
2연	뱀은 기분 나쁜 소리를 내는 ❶ ㅁ 이 슬픔.	뱀이 슬픈 여러 가지 이유
3연	뱀은 미운 뱀눈이 되는 ❷ ㄴ 이 슬픔.	
4연	뱀은 날름거리는 ❸ ㅎ 가 슬픔.	
5연	슬픈 뱀도 ❹ ㅅ ㅅ 에 필요한 존재임.	말하는 이가 하고 싶은 말

2회독　빈칸을 채우지 못했다면 다시 꼼꼼히 읽어요!

1 이 시에서 말하는 이가 바라보는 대상을 한 글자로 쓰세요.

(   )

2 이 시의 특징으로 알맞은 것은 무엇인가요? (   )

① 시간적 배경이 구체적으로 드러나 있다.
② 물음의 방식을 사용하여 대상의 처지를 드러내고 있다.
③ 사람이 아닌 대상을 마치 사람인 것처럼 표현하고 있다.
④ 명령하는 말투를 사용하여 말하는 이의 생각을 전하고 있다.
⑤ 대화하는 방식을 사용하여 어린 시절의 경험을 떠올리고 있다.

3 이 시를 읽고 떠오르는 장면으로 알맞지 <u>않은</u> 것을 두 가지 고르세요.

(,   )

① 뱀을 보고 아이가 우는 장면
② 뱀이 풀밭을 헤치면서 기어가는 장면
③ 뱀이 혀를 날름거리며 다가오는 장면
④ 뱀이 얼마나 긴지 자로 재어보는 장면
⑤ 뱀이 눈을 날카롭게 뜨고 노려보는 장면

4 이 시에서 알 수 있는 '뱀'의 마음으로 알맞은 것은 무엇인가요? (   )

① 슬프고 속상한 마음
② 화나고 미워하는 마음
③ 미안하고 반성하는 마음
④ 창피하고 부끄러운 마음
⑤ 뿌듯하고 자랑스러운 마음

5 이 시를 읽고 **보기**의 '작은 씨'에게 할 수 있는 말로 알맞은 것은 무엇인가요?

( )

> ┤ **보기** ├
>
> 바람에 날려 온 작은 씨가 화단 끝에 자리를 잡았어요.
> 봄이 지나고 여름이 되자 꽃들은 저마다 알록달록 화려한 꽃을 피웠어요.
> 하지만 작은 씨는 새싹만 틔우고 꽃을 피우지 못했어요.
> 꽃들이 작은 씨를 보고 한마디 했어요.
> "꽃을 피우지도 못하면서 왜 화단에
> 있는 거야!"

① 작은 씨야, 꽃이 핀 후에 바로 져서 무척 슬프겠구나.
② 작은 씨야, 네가 화단에서 꼭 할 일이 있을 테니 희망을 가지렴.
③ 작은 씨야, 문제를 해결하려면 울음을 그치고 행동을 해야 한단다.
④ 작은 씨야, 화려한 꽃들에게 네가 하고 싶은 것을 당당하게 말하렴.
⑤ 작은 씨야, 화려한 꽃들이 흉을 본다고 너도 똑같이 행동하면 안 돼.

> 시에서 감동적인 부분을 찾을 때는 시의 장면을 떠올리고, 시에 드러난 대상의 마음을 헤아려 보아요.

6 이 시의 감동적인 부분을 찾아 그 까닭과 함께 써 보세요.

• 감동적인 부분:

• 그 까닭:

02 어휘의 적절성

어휘가 적절하게 사용되었는지 파악하면서 글을 읽으면 맥락에 어울리는 어휘를 사용하는 능력을 기를 수 있어요.

✦ 어휘의 적절성을 판단하는 방법

- 문맥을 고려하여 어휘의 뜻이 무엇인지 짐작하기
- 문맥에 맞는 알맞은 어휘인지 판단하기
- 문장에서 잘못 사용된 어휘를 바르게 고치기

확인 문제를 풀어 보며 개념을 익혀요.

1~2 다음 문장을 읽고, 문맥을 고려하여 밑줄 친 낱말의 뜻으로 알맞은 것에 ○표 하세요.

1
> 동양과 서양의 문화를 <u>둘러싸고</u> 벌어지는 의견 차이는 서로 다른 경험에서 비롯된다.

(1) 전체를 둘러서 감싼다는 뜻. (　　　　)
(2) 어떤 것을 행동이나 관심의 중심으로 삼았다는 뜻. (　　　　)

2
> 이번 올림픽에는 세계적으로 <u>이름</u> 있는 선수들이 참여했다.

(1) 세상에 알려진 평판이나 명성. (　　　　)
(2) 다른 것과 구별하기 위하여 사물에 붙여서 부르는 말. (　　　　)

3~4 빈칸에 들어갈 알맞은 어휘를 보기에서 찾아 쓰세요.

┤ **보기** ├
- 개정: 이미 정하였던 것을 고쳐 다시 정함.
- 규정: 규칙으로 정함. 또는 그 정하여 놓은 것.
- 개선: 잘못된 것이나 부족한 것, 나쁜 것 따위를 고쳐 더 좋게 만듦.
- 측정: 일정한 양을 기준으로 하여 같은 종류의 다른 양의 크기를 잼.

3
> 8월 13일은 세계 왼손잡이의 날이에요. 이날은 왼손잡이들이 일상에서 겪는 불편을 [　　　　]하고, 왼손을 사용하는 것은 바람직하지 않다는 편견을 깨뜨리기 위해 제정되었어요.

4
> 미국 항공 우주국은 2020년 1월부터 3월까지 세계 각국에서 뿜어져 나오는 이산화탄소량을 [　　　　]했어요. 그리고 그 자료를 바탕으로 이산화 탄소를 주황색으로 표시한 사진을 공개했어요. 우주에서 본 지구의 땅이 전부 주황색이라고 해도 과언이 아닐 만큼 지구가 붉게 물들어 있었지요.

정답 1 (2) ○ 2 (1) ○ 3 개선 4 측정　　　　　02. 어휘의 적절성 **17**

지렛대의 원리

1회독

- 중심 글감에
- 잘못 사용된 어휘에 ~~~
- 1~3종 지레의 특징에 [ ]

역도 선수가 무거운 바벨을 번쩍 들어 올리는 장면을 본 적이 있지요? 역도 선수는 어떻게 자신의 몸무게보다 훨씬 무거운 바벨을 들어 올릴 수 있는 것일까요? 그 비밀은 우리 몸속에 숨겨진 '지렛대의 원리'에 있어요.

우리 몸에는 206개의 뼈와 이 뼈를 움직이게 하는 수많은 근육이 있어요. 이 뼈와 근육이 서로 협력하여 우리 몸을 움직이게 하는데, 힘을 내거나 빠르게 움직일 때 우리 몸은 지렛대의 원리를 이용해 힘을 효율적으로 써요.

지렛대는 무거운 물건을 쉽게 들어 올리게 해 주는 도구예요. 지렛대에는 세 가지 중요한 부분이 있어요. 바로 받침점, 힘점, 작용점이에요. 받침점은 지렛대를 ㉠받쳐 주는 곳, 힘점은 우리가 힘을 직접 가하는 곳, 작용점은 무게가 작용하는 부분이에요. 힘점이 받침점에서 멀리 떨어질수록 작은 힘으로 큰 무게를 들어 올릴 수 있어요.

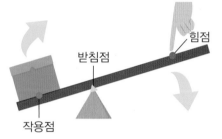
▲ 지렛대의 원리

지렛대는 받침점, 힘점, 작용점이 어디에 위치하는지에 따라 3종으로 나누어져요. 첫 번째는 1종 지레인데, 받침점이 힘점과 작용점 사이에 있어요. 이 지레는 작은 힘으로 물건을 들어 올릴 수 있지만, 힘점을 많이 움직여야 해요. 가위나 빨래집개가 1종 지레를 활용한 도구예요. 우리가 머리를 앞뒤로 움직일 때도 1종 지레의 원리가 작용해요. 이때 귀밑 관절이 무거운 머리를 받쳐 주는 받침점, 목뒤 근육이 힘을 가하는 힘점, 머리뼈의 앞쪽 부분이 작용점이 돼요. 작은 힘으로 무거운 머리를 움직일 수 있지만 고개를 많이 움직여야 하지요.

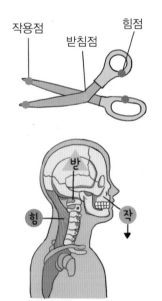
▲ 1종 지레 원리의 예

두 번째는 2종 지레로, 작용점이 힘점과 받침점 사이에 있어요. 받침점이 작용점보다 힘점과 더 멀리 떨어져 있어서 작은 힘으로 큰 힘이 필요한 일을 할 수 있어요. ㉡병따게와 손수레가 2종 지레를 활용한 도구예요. 그리고 발레리나가 발끝으로 서서 체중을 견디는 동작에도 2종 지레의 원리가 숨어 있어요. 이때 종아리 근육이 힘점, 다리와 발이 만나는 부분이 작용점, 땅을 **디디고**˚ 있는 발가락이 받침점이 돼요. 발레리나가 발가락의 작은 힘으로 몸을 지탱하고 움직일 수 있는 건 작은 힘으로 큰 힘이 필요한 일을 할 수 있는 2종 지레 원리 덕분이에요.

▲ 2종 지레 원리의 예

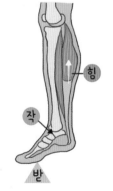

● **디디다** 발을 올려놓고 서거나 발로 내리누르다.

세 번째는 3종 지레로, 힘점이 받침점과 작용점 사이에 있어요. 이 지레는 큰 힘이 필요하지만, 정교하고 **민첩하게**˙ 일을 할 수 있어요. 핀셋이나 ⓒ젓가락이 3종 지레를 활용한 도구예요. 우리 몸에서는 손으로 물건을 들어 올릴 때 3종 지레의 원리가 사용돼요. 손으로 물건을 들어 올릴 때 팔꿈치의 관절이 받침점, 팔 근육의 움직임을 조절하는 인대가 힘점, 물건을 드는 손이 작용점이 돼요. 팔꿈치에서 인대까지의 거리보다 팔꿈치에서 손까지의 거리가 더 멀기 때문에 들어 올려야 하는 무게보다 근육이 더 큰 힘을 내야 해요. 하지만 빠르게 큰 힘이 드는 일을 할 수 있어요. 역도 선수는 자신의 몸무게보다 ⓔ큰 바벨을 들어 올릴 때 3종 지레 원리를 이용해요. 그래서 힘은 많이 들지만 빠른 속도로 바벨을 들어 올릴 수 있지요.

이처럼 우리 몸속에 숨어 있는 지렛대의 원리 덕분에 우리는 자유롭게 몸을 움직일 수 있고, 무거운 물건도 들어 올릴 수 있어요. 우리 몸의 놀라운 움직임은 바로 이런 과학적 원리에서 비롯된 것이랍니다.

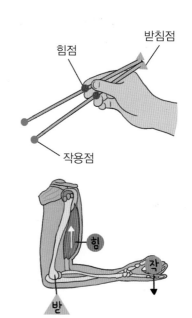

▲ 3종 지레 원리의 예

● **민첩**(敏 민첩할 민, 捷 이길 첩)**하다** 재빠르고 날쎄다.

구조 읽기 빈칸에 알맞은 낱말을 써넣으며 내용을 정리해 보세요.

정답 및 해설 06쪽

우리 몸에는 ① ㅈ ㄹ ㄷ 의 원리가 숨어 있음.

1종 지레 원리	2종 지레 원리	3종 지레 원리
● ②  ㅂ ㅊ ㅈ 이 힘점과 작용점 사이에 있어 작은 힘으로 일을 할 수 있음.	● ③ ㅈ ㅇ ㅈ 이 받침점과 힘점 사이에 있어 작은 힘으로 큰 힘이 필요한 일을 할 수 있음.	● ④ ㅎ ㅈ 이 받침점과 작용점 사이에 있어 큰 힘이 들지만 정교하고 민첩하게 일을 할 수 있음.
● 가위나 빨래집게를 사용하거나 머리를 앞뒤로 움직일 때 적용됨.	● 병따개와 손수레를 사용하거나 발레리나가 발끝으로 서서 체중을 견디는 동작에 적용됨.	● 핀셋이나 젓가락을 사용하거나 손으로 물건을 들어 올릴 때 적용됨.

우리 몸이 자유롭게 움직이고 무거운 물건을 들어 올리는 것은 지렛대의 원리 덕분임.

2 회독 빈칸을 채우지 못했다면 다시 꼼꼼히 읽어요!

1 이 글의 내용과 일치하지 <u>않는</u> 것은 무엇인가요? (　　　　)

① 우리 몸은 206개의 뼈로 이루어져 있다.

② 우리 몸의 뼈를 움직이는 것은 수많은 근육이다.

③ 지렛대는 무거운 물건을 쉽게 들어 올리게 해 준다.

④ 지렛대는 받침점, 힘점, 작용점의 위치에 따라 3종으로 나누어진다.

⑤ 역도 선수는 2종 지레의 원리를 이용해 무거운 바벨을 들어 올린다.

2 지렛대의 원리를 이용할 때 얻을 수 있는 효과는 무엇인가요? (　　　　)

① 지치지 않고 일을 할 수 있다.

② 멀리 있는 것도 잘 볼 수 있다.

③ 힘을 효율적으로 사용할 수 있다.

④ 항상 같은 속도로 움직일 수 있다.

⑤ 우리 몸의 면역력을 높일 수 있다.

3 다음 밑줄 친 어휘의 문맥적 의미로 알맞은 것에 ○표 하세요.

> 1종 지레가 적용된 대표적인 예는 바로 <u>머리</u>를 앞뒤로 끄덕이는 것이에요.

(1) 단체의 우두머리. (　　　　)

(2) 생각하고 판단하는 능력. (　　　　)

(3) 사람이나 동물의 목 위의 부분. (　　　　)

(4) 사물의 앞이나 위를 비유적으로 이르는 말. (　　　　)

4 ㉠~㉣ 중 잘못 사용된 어휘 두 개를 찾아 기호를 쓰고, 어휘를 바르게 고쳐 쓰세요.

(1) (　　　　　　　) ➡ (　　　　　　　　　)

(2) (　　　　　　　) ➡ (　　　　　　　　　)

5 다음 상황에서 사용된 지레에 ○표 하세요.

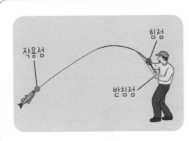

▲ 낚싯대의 지레 원리

낚싯대는 손잡이를 조금만 움직여도 낚싯대 끝의 이동 거리를 크게 할 수 있어서 물고기를 빠르게 낚을 수 있다. 낚싯대 끝은 작용점이고, 낚싯대의 손잡이는 힘점, 낚싯대를 드는 사람 손은 받침점이 된다. 낚싯대는 작용점과 받침점 사이에 힘점이 위치한다.

(1) 1종 지레 (　　　　) (2) 2종 지레 (　　　　) (3) 3종 지레 (　　　　)

6 이 글을 읽고 지렛대의 원리를 알맞게 이해하지 <u>못한</u> 친구의 이름에 ○표 하세요.

지레는 힘점과 받침점, 받침점과 작용점의 거리가 달라져도 똑같은 힘을 받겠구나.

민채

호두 까개는 받침점과 작용점의 거리가 가까워서 작은 힘으로 쉽게 호두를 깔 수 있겠구나.

강호

집게로 쓰레기를 줍는 정교한 일을 할 때는 힘점과 받침점의 거리가 짧은 3종 지레의 원리가 이용되겠구나.

은우

앞뒤 문맥을 고려하여 어휘의 뜻을 짐작하고, 어휘의 쓰임이 알맞은지 판단해 보세요.

7 다음 글의 ㉮~㉲ 중에서 어휘가 <u>잘못</u> 쓰인 부분을 찾아보고, 어휘의 적절성을 판단해 보세요.

올림픽에서 우리나라 ㉮역도 선수가 바벨을 들어 올리는 ㉯장면을 보았다. 역도 선수는 ㉰허리를 숙여 바벨을 잡고 ㉱무릎을 구부리면서 머리 위까지 양팔을 쭉 피며 바벨을 들어 올렸다. ㉲순식간에 무거운 바벨이 들리자 나도 모르게 함성이 나왔다.

03 문장 호응

문장 성분이 알맞게 호응하지 않으면 문장이 어색해지거나 전달하려는 뜻이 잘못 전해질 수 있어요. 문장 호응을 배우면 술술 읽히는 자연스러운 문장을 쓸 수 있을 거예요.

↗ 문장 호응 문장에서 앞에 어떤 말이 오고 짝인 말이 뒤따라오는 것을 말함.

↗ 문장 호응 관계의 종류

• 시간을 나타내는 말과 서술어의 호응

  예 <u>내일</u> 친구를 <u>만날 거야.</u> / 나는 <u>어제</u> 재미있는 동화책을 <u>읽었다.</u>

• 높임의 대상을 나타내는 말과 서술어의 호응

  예 <u>할아버지께서</u> <u>주무신다.</u> / <u>할머니께서</u> 맛있는 떡을 <u>주셨다.</u>

• 주어와 서술어 혹은 목적어와 서술어의 호응

  예 <u>동생이</u> 누나에게 <u>업혔다.</u> / <u>어머니가</u> 시장에 식당을 <u>차리셨다.</u>

확인 문제를 풀어 보며 개념을 익혀요.

1~3 **문장의 호응 관계를 고려하여 밑줄 친 부분을 바르게 고쳐 쓰세요.**

1 소영이와 미수는 어제 도서관에 <u>갈 거야</u>. ➡ (   )

2 깊은 숲속에 사는 토끼가 사냥꾼에게 <u>잡았다</u>. ➡ (   )

3 동생은 네 살 위인 나보다 <u>힘과</u> 달리기가 빠르다. ➡ (   )

4~6 **다음 문장에서 호응이 알맞지 <u>않은</u> 부분을 찾아 밑줄을 긋고, 바르게 고쳐 쓰세요.**

4 강아지가 산책 중에 다른 개한테 물었다. ➡ (   )

5 지금은 맑지만 어젯밤에는 비와 바람이 몹시 불었다.

  ➡ (   )

6 동생이 편찮으셔서 가족 모두 잠을 자지 못했다. ➡ (   )

나라마다 다른 수어

1회독

설명 대상에 ○

문장 호응이
맞지 않는 부분에 ∿

나라마다 다른
수어의 사례가 나타난
부분에 [   ]

텔레비전 뉴스에서 중요한 정책을 발표하거나 공식적인 행사를 진행할 때 수어 통역하는 모습을 볼 수 있다. 손으로 표현하는 언어인 수어는 한국어와 동등한 자격을 가진 우리나라 공용어이다. ㉠지난 2016년 한국수화언어법이 **제정되어** 수어는 국가나 공공 단체가 정식으로 사용하는 언어인 공용어가 될 것이다. 더불어 한글날(10월 9일), 점자의 날(11월 4일)과 같이 한국 수어의 날(2월 3일)도 법으로 정한 기념일이 되었다.

수어는 '수화 언어'의 줄임말이다. 수화는 손동작만을 말하고, 수어는 손의 움직임과 손의 모양, 손의 위치 그리고 표정까지 '수화'라는 방식으로 표현되는 언어의 형태를 말한다. 많은 사람이 수어가 세계 공용어일 거라고 생각한다. 그런데 세계 언어 정보를 **취합하는** 에스놀로그(ethnologue)에서 조사해 보니 전 세계의 수어는 159개나 되었다. 실제 수어는 등록된 개수보다 더 많은 것으로 알려져 있다.

나라마다 수어가 다른 이유는 음성 언어가 나라마다 다른 이유와 비슷하다. 나라마다 다른 문화와 역사가 음성 언어에 영향을 준 것처럼 수어에도 영향을 주어 다른 용어와 표현, 문법을 만들었다. 그리고 전통문화와의 관련성이 수어의 형태나 용어에 영향을 주었다. 같은 한국어를 사용하지만 지역별로 억양이나 어휘에 차이가 있듯이 ㉮수어도 마찬가지이다. 또 수어는 자연적으로 생겨난 언어이기 때문에 수어를 사용하는 청각 장애인들의 장애 정도나 성별, 연령 등의 요소에 따라 다르게 발전했다.

수어는 나라마다 다르므로 수어를 사용하기 위해서는 그 나라의 수어를 익혀야 한다. 영어를 공용어로 사용하는 미국, 영국, 캐나다는 수어가 같을 것 같지만 무척 다르다. 예를 들어 ㉯'컴퓨터'를 수어로 나타낼 때 미국은 오른손의 엄지, 중지, 약지를 모아서 키보드 치는 모양을 나타내지만, 영국은 오른손의 엄지와 중지를 둥글게 붙여서 모니터를 가리킨다. 그리고 캐나다는 오른손을 뒤로 젖히고 왼손의 손가락으로 화면을 터치하는 모양으로 나타낸다.

● **제정**(制 억제할 제, 定 정할 정)
되다 제도나 법률 따위를 만들어서 정하여지다.

● **취합**(聚 모일 취, 合 합할 합)**하다** 모아서 합치다.

수어가 공용어가 되기는 했지만 아직 수어에 대한 사회적 인식이 부족해 사회에서 제대로 자리 잡지 못하고 있다. 지역마다 사용하는 수어가 다르고 표준화된 수어를 가르쳐 주는 교재나 자료도 부족하다. 또한 청각 장애인을 위한 수어 교육 프로그램도 충분히 마련되어 있지 않다. 이런 상황이니 일반 학교에서의 수어 교육은 더욱 **시행**˙하기 어렵다. 공공 기관이나 의료 기관에서도 수어 통역 서비스를 충분히 제공하지 못해 청각 장애인의 사회 참여가 쉽지 않다. 수어를 공용어로 제정하는 것에 그친다면 ㉡청각 장애인들은 계속 교육과 사회로부터 소외할 것이다.

수어는 청각 장애인들의 의사소통 수단일 뿐만 아니라 문화적 표현 수단이지 다양성을 인정하고 보여 주는 언어이다. 흔히 언어를 배우는 일은 세계를 확장하는 일이라고 말한다. 그러므로 수어가 우리 사회 곳곳에 자리 잡을수록 우리의 세계도 더욱 넓어질 것이다.

● **시행**(施 베풀 시, 行 다닐 행)
실지로 행함.

 **구조 읽기** 빈칸에 알맞은 낱말을 써넣으며 내용을 정리해 보세요.

정답 및 해설 08쪽

처음	수어가 ❶ ㄱ ㅇ ㅇ 로 제정됨.

가운데	수어는 '수화 언어'의 줄임말로, 손의 움직임과 손의 모양, 손의 위치 그리고 표정까지 '수화'라는 방식으로 표현되는 ❷ ㅇ ㅇ 의 형태임.
	수어도 ❸ ㅇ ㅅ 언어처럼 문화와 역사의 영향을 받고, 자연적으로 생긴 언어이기 때문에 나라마다 다름.
	수어를 사용하려면 그 나라의 수어를 익혀야 함.
	수어에 대한 사회적 ❹ ㅇ ㅅ 부족으로 수어가 사회에서 제대로 자리 잡지 못함.

끝	수어가 우리 사회 곳곳에 자리 잡을수록 우리의 세계도 더욱 넓어질 것임.

2 회독 빈칸을 채우지 못했다면 다시 **꼼꼼히** 읽어요!

03. 문장 호응 **25**

1 이 글을 읽고 알 수 있는 내용이 <u>아닌</u> 것은 무엇인가요? (   )

① 수어의 개념
② 전 세계 수어의 수
③ 수어가 나라마다 다른 이유
④ 수어의 사회적 인식 부족 실태
⑤ 영어를 공용어로 사용하는 나라의 수

2 이 글의 내용과 일치하지 <u>않는</u> 것은 무엇인가요? (   )

① 수어는 한국어와 자격이 동등하다.
② 수어는 자연스럽게 생겨난 언어이다.
③ 한국 수어의 날은 법으로 정한 기념일이다.
④ 실제 사용되는 수어는 등록된 개수보다 더 많다.
⑤ 같은 언어를 공용어로 사용하는 나라의 수어는 같다.

3 ㉠에서 어색한 부분을 찾아 밑줄을 긋고, 어색한 까닭을 골라 ○표 하세요.

> 지난 2016년 한국수화언어법이 제정되어 수어는 국가나 공공 단체가 정식으로 사용하는 언어인 공용어가 될 것이다.

(1) 목적어와 서술어의 호응 관계가 바르지 않아서   (   )
(2) 시간을 나타내는 말과 서술어의 호응 관계가 바르지 않아서   (   )
(3) 높임의 대상을 나타내는 말과 서술어의 호응 관계가 바르지 않아서
                                                    (   )

4 ㉡이 어색한 까닭을 생각하고 빈칸에 알맞은 말을 쓰세요.

> 이 문장은 주어인 '청각 장애인들은'과 [ ][ ]인 '소외할 것이다'가 호응이 되지 않아서 어색하다. 따라서 '청각 장애인들은 계속 교육과 사회로부터 소외될 것이다.'로 고쳐 써야 한다.

5 ㉠의 의미를 알맞게 이해한 친구의 이름을 쓰세요.

> 한솔: 수어의 발전은 음성 언어의 발전과 다르다는 뜻이야.
> 영재: 수어도 음성 언어처럼 인공적으로 만들어졌다는 뜻이야.
> 현진: 수어는 청각 장애인들의 장애 정도에 따라 발전했다는 뜻이야.
> 민호: 수어도 지역별로 억양이나 사용하는 어휘에 차이가 있다는 뜻이야.

(   )

6 ㉡와 관계 깊은 언어의 특성은 무엇인가요? (   )

① 시간의 흐름에 따라 없던 말이 새로 생기기도 한다.
② 언어를 올바르게 사용하기 위해서 지켜야 할 규칙이 있다.
③ 같은 의미를 나타내는 말이 나라마다 서로 다르게 표현될 수 있다.
④ 사람들은 이미 알고 있는 단어들을 결합해서 수많은 문장을 만들 수 있다.
⑤ 언어는 그 언어를 사용하는 사람들의 약속이므로 개인이 마음대로 바꿀 수 없다.

> 문장에서 앞에 온 말을
> 토대로 뒷부분이 자연스럽게
> 이어지도록 써 보아요.

7 다음 내용의 뒷부분을 문장 호응이 알맞게 이루어지도록 자유롭게 써 보세요.

(1) 이웃에 사시는 할아버지께 _____ .

(2) 내일은 _____ .

(3) 도둑이 재빨리 도망갔지만 _____ .

04 이야기의 인상적인 부분

이야기가 인상적이라는 것은 이야기 속 인물이나 이야기에서 전달하고자 하는 내용이 마음에 와닿았다는 말이에요. 이렇게 자신의 마음에 와닿는 부분을 찾으며 이야기를 읽으면, 이야기가 내 것이 되어 오래 기억에 남아요.

✦이야기의 인상적인 부분을 파악하는 방법

- 자신에게 영향을 준 인물이나 장면 찾아보기
- 인물이 추구하는 삶과 자신의 삶을 비교해 보기
- 이야기를 읽으며 공감되는 인물이나 장면 찾아보기
- 인물이 처한 상황에서 한 말이나 행동을 통해 그가 추구하는 삶을 파악하기

확인 문제를 풀어 보며 개념을 익혀요.

1~4 이야기의 인상적인 부분을 파악하는 방법에 대한 설명이 맞으면 ○표, 그렇지 <u>않으면 ✕표</u> 하세요.

1 | 사실과 의견을 구분한다. | (   )

2 | 공감되는 인물이나 장면을 찾아본다. | (   )

3 | 인물이 추구하는 삶과 자신의 삶을 비교해 본다. | (   )

4 | 글쓴이의 주장을 뒷받침해 주는 근거를 파악한다. | (   )

5~6 이야기의 인상적인 부분과 그것을 파악한 방법을 알맞게 이으세요.

5 나는 「행복한 왕자」에 나오는 제비가 바라는 것 없이 왕자의 부탁을 들어주는 것을 보고 감동해서 눈물을 흘렸어.

   ① 자신에게 감동을 준 인물을 찾아보았다.

6 나는 「행복한 왕자」를 읽고 지상에서 가장 존귀한 것 두 개를 가져오라는 신에게 천사가 왕자의 녹슨 심장과 죽은 제비를 가져간 장면에 공감했어.

   ② 공감되는 장면을 찾아보았다.

노잣돈 갚기 프로젝트

"200△년 6월 7일 1시 36분 전동우……. 분명 명단에 있는 대로 시행했습니다만……."

저승사자가 난처한 얼굴로 대답했다.

"사주와 이름이 같아서 착각을 했단 말인가?"

동우는 **영문**˙을 몰라 저승사자와 할아버지를 번갈아 보다 슬며시 물었다.

㉮"혹시 다른 애랑 바뀐 거예요? 그럼 나 안 죽는 거지요?"

할아버지가 고개를 끄덕였다. 동우는 환호성을 질렀다. 할아버지가 뭔가를 더 말했지만 귀에 들어오지 않았다. 동우는 저승사자를 따라 방을 나왔다.

"빨리 돌려보내 줘요."

"돌아가려면 **노자**˙가 있어야 해."

"노자요?"

동우는 **의아해서**˙ 물었다.

"여행 경비라고 할 수 있지. 죽은 자가 저승에 올 때는 당연한 거라 상관없지만 돌아갈 때는 노자를 내야만 이승행 버스를 탈 수 있어."

"왜요? 아저씨가 실수했는데 왜 내가 돈까지 내야 돼요?"

동우는 울컥했다.

"그게 저승의 법칙이니까. 이승과 저승의 **경계**˙가 엄연하기 때문에 누구라도 저승으로 들어온 이상 함부로 나갈 수는 없는 것이지."

"내가 오고 싶어서 왔어요? 나 돈 없단 말이에요."

"걱정 마. 사람들이 태어나면 저승에 곳간이 생겨, 좋은 일을 하면 곳간에 저축이 되는데 우린 그 저축을 쓰려는 거야. 네 곳간에서 노자를 꺼내 오기만 하면 되는 아주 간단한 일이야." <중략>

"자, 네 곳간이다."

캄캄해서 아무것도 보이질 않았다. 동우가 고개를 들이밀자 곳간 안이 환해졌다. ㉠곳간은 텅텅 비어 있었고 벽에는 거미줄만 가득했다.

"이럴 수가 아무것도 없다니, 믿을 수 없군, 이러면 이승으로 돌아갈 수가 없는데."

㉯저승사자의 말에 동우 얼굴이 하얗게 질렸다.

● **영문** 일이 돌아가는 형편이나 그 까닭.

● **노자**(路 길 노, 資 재물 자) 먼 길을 떠나 오가는 데 드는 비용.

● **의아**(疑 의심할 의, 訝 맞이할 아) **하다** 의심스럽고 이상하다.

● **경계**(境 지경 경, 界 경계 계) 사물이 어떠한 기준에 의하여 분간되는 한계.

"나는 안 죽는다면서요?"

동우는 소리를 지르며 울었다.

"이제 어떡해요? 차에 치인 것도 억울한데, 엉엉. 엉엉엉."

"누가 교통 신호도 지키지 않고 차도로 뛰어들래?"

"그건 김준희 잘못이에요. 걔를 쫓아가다 그런 거라고요."

"돈을 빼앗으려던 것은 너잖아!"

동우는 펄쩍 뛰었다.

"다른 애들이 못 괴롭히게 도와주는 대신 돈을 받기로 했다고요. 그 자식 나 아니었음 벌써 왕따 됐을걸요. 아저씨 때문에 나 죽은 거잖아요. 책임져요. 책임지라고요!"

저승사자는 동우를 한 번 보고 텅 빈 곳간을 한 번 보고 동우를 한 번 보고 거울을 한 번 보더니 길게 한숨을 내쉬었다.

"돌아가는 것도 문제지만 그 이후도 문제로군."

저승사자는 동우 팔을 잡았다. 동우는 당장이라도 저승으로 끌려갈 것 같아 저승사자를 뿌리쳤다.

"방법이 없는 건 아니야. 노자를 빌려줄 테니 이승에 돌아가면 갚도록 해. 사람이 죽으면 **저승시왕**° 중 일곱 명의 대왕에게 순서대로 칠 일씩 심판을 받아야 해. 그러니 죽은 지 사십구 일째 되는 날까지 빌린 노잣돈을 갚기만 하면 돼."

● **저승시왕** 죽은 사람을 심판하는 왕.

 **구조 읽기** 빈칸에 알맞은 낱말을 써넣으며 내용을 정리해 보세요.

정답 및 해설 **10**쪽

동우가 저승에 온 까닭	동우는 ❶ ㅈ ㅅ ㅈ 의 착각으로 저승에 끌려 옴.
동우가 이승으로 갈 방법	저승사자는 동우가 ❷ ㅇ ㅅ 으로 돌아가려면 노자가 필요하다고 말함.
동우가 이승으로 못 가는 까닭	동우의 저승 ❸ ㄱ ㄱ 이 비어서 동우가 이승으로 돌아갈 수 없게 됨.
저승사자가 동우에게 알려 준, 이승으로 돌아갈 방법	동우가 억울해하며 화를 내자 저승사자가 ❹ ㄴ ㅈ 를 빌려주기로 함.

2회독 빈칸을 채우지 못했다면 다시 **꼼꼼히** 읽어요!

1 동우가 저승에 오게 된 까닭은 무엇인가요? (   )

① 동우가 친구를 괴롭혔기 때문이다.

② 저승에 있는 동우의 곳간이 비어 있기 때문이다.

③ 동우가 저승 구경을 하고 싶다고 말했기 때문이다.

④ 동우가 교통 신호를 지키지 않은 차에 치였기 때문이다.

⑤ 저승사자가 동우를 저승에 데려와야 하는 아이로 착각했기 때문이다.

2 ㉠와 ㉡에서 동우의 마음은 어떻게 변하였는지 **보기**에서 찾아 쓰세요.

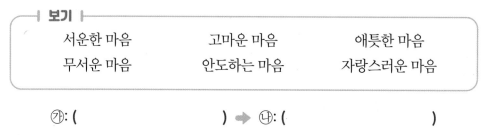

보기
서운한 마음   고마운 마음   애틋한 마음
무서운 마음   안도하는 마음   자랑스러운 마음

㉠: (   ) ➡ ㉡: (   )

3 이야기의 인상적인 부분을 찾는 방법을 알맞게 말하지 <u>못한</u> 친구의 이름을 쓰세요.

> 시안: 기억에 남는 장면이 있는지 찾아보았어.
>
> 해성: 이야기에 나온 낱말의 정확한 뜻을 찾아보았어.
>
> 익준: 이야기에서 공감되는 인물이 한 일을 찾아보았어.
>
> 두실: 이야기에서 가장 마음에 남는 인물의 말을 찾아보았어.

(   )

4 이 이야기에 나타난 동우의 삶의 태도로 알맞은 것은 무엇인가요? (   )

① 저축을 하지 않고 돈을 낭비한다.

② 똑같은 실수를 되풀이하지 않으려고 노력한다.

③ 모든 사람에게 자신의 상황을 솔직하게 말한다.

④ 책임감이 강해 주어진 일을 끝까지 하려고 한다.

⑤ 자신의 잘못을 인정하지 않고 다른 사람을 원망한다.

5 ㉠으로 짐작할 수 있는 이승에서의 동우의 모습에 ○표 하세요.

(1)
> 좋은 일은 안 하고 나쁜 짓만 했을 것이다.

(   )

(2)
> 늘 행복하고 풍족하게 지냈을 것이다.

(   )

6 이 이야기를 읽은 감상을 알맞게 말한 친구의 이름을 쓰세요.

> 경진: 동우가 방법을 빨리 찾아내서 금방 이승으로 돌아올 수 있었어.
> 은우: 저승에 있는 곳간을 채울 수 있도록 이승에서 착하게 살아야겠어.
> 호수: 이승과 저승의 경계가 느슨해 저승에 잘못 가더라도 돌아올 수 있구나.
> 재현: 동우가 빌린 노잣돈을 저승에서 갚기만 하면 이승으로 돌아올 수 있다니 다행이야.

(   )

> 이야기에서 인상적인 부분은 인물의 말과 행동일 수도 있고, 인물이 추구하는 삶일 수도 있고, 어떤 장면일 수도 있어요.

7 이 이야기에서 인상적인 부분을 고르고, 그 부분을 고른 까닭을 써 보세요.

> 이 이야기에서 인상적인 부분은 _____
>
> _____ 이다. 그 부분
>
> 을 고른 까닭은 _____
>
> _____

05 근거 자료의 타당성

우리가 무엇인가를 주장할 때 그 주장을 상대방이 납득하도록 만드는 이유를 근거라고 해요. 이렇게 근거를 들 때는 다양한 자료를 제시하는데, 그 자료가 최신 것인지 믿을만한지 파악해야 해요.

✦ 근거 자료의 타당성을 파악하는 방법

- 최신 자료를 활용했는지 확인하기
- 출처가 정확한, 믿을 수 있는 자료를 활용했는지 확인하기
- 자료가 주장을 뒷받침하는 근거의 내용과 관련 있는지 확인하기
- 숫자를 제시한 자료의 경우 정확한 수치를 제시했는지 확인하기
- 면담이나 설문 조사 자료의 경우 조사 대상과 범위가 적절한지 확인하기

확인 문제를 풀어 보며 개념을 익혀요.

1 **다음 주장을 뒷받침할 근거로 알맞지 않은 것을 골라 ×표 하세요.**

> 우리나라도 '설탕세'를 도입해야 한다. 과도한 설탕 섭취는 비만과 각종 질병을 일으키는 원인이 된다. 국민의 건강을 지키고 비만에 따른 사회·경제적 비용을 줄이기 위해 설탕세를 도입해야 한다.

(1)

덴마크는 2011년에 설탕세를 부과했으나 국민들이 다른 나라로 쇼핑을 하거나 수입품이 늘어나 2011년에 설탕세를 폐지하였다.

(   )

(2)

2018년 설탕세를 도입한 영국에서는 음료 회사들이 설탕 함량을 줄여 1인당 설탕 소비량이 28퍼센트나 줄었습니다.

식약처 연구원

(   )

(3) 식품의약품안전처는 당류 섭취량이 하루 열량의 10%를 넘기는 사람은 그렇지 않은 사람에 비해 비만 위험이 39%, 고혈압은 66%, 당뇨병은 41% 높다고 발표했다.

(   )

2 **다음 근거 자료가 타당한지 알맞게 판단한 것을 모두 찾아 ○표 하세요.**

> '물을 절약해야 한다'는 주장을 하기 위해서 '앞으로 몇 년 뒤에는 전 세계의 수자원이 부족할 것이라는 국제 환경 단체의 연구 결과'를 자료로 준비했어. 그리고 어제 뉴스에 나온 '물이 부족해서 아프리카에 심각한 전염병이 퍼지고 있다는 전문가의 의견'도 자료로 추가했어.

(1) 최신 자료를 활용해서 주장을 뒷받침하고 있기 때문에 근거로 타당하다.

(   )

(2) 정확한 수치를 사용하여 주장을 뒷받침하고 있기 때문에 근거로 타당하다.

(   )

(3) 권위 있는 전문가나 단체의 자료는 출처가 분명해 믿을 수 있기 때문에 근거로 타당하다.

(   )

행복은 크기보다 빈도가 중요하다

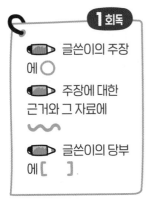

1회독

- 글쓴이의 주장에 ◯
- 주장에 대한 근거와 그 자료에 〰
- 글쓴이의 당부에 [　]

　여러분은 어떨 때 행복한가요? 좋아하는 친구와 놀이터에서 신나게 놀 때 행복한가요? 아니면 생일에 비싼 게임기를 받았을 때 행복한가요? 많은 사람이 로또 당첨이나 금메달 수상 같은 일을 겪을 때 느낄 수 있는 큰 행복을 중요하게 생각해요. 그런데 정말 크기가 클수록 행복할까요? 저는 행복은 크기보다 **빈도**˚가 더 중요하다고 생각해요.

　그 이유는 큰 행복이든 작은 행복이든 그것을 느꼈을 때의 기억이 사라지기 때문이에요. 많은 비용과 시간을 들여서 간 유럽 여행이나 가볍게 떠난 부산 여행이나 일정한 시간이 지나면 둘 다 잊혀요. 심지어 오랫동안 노력해서 시험에 합격했을 때 느낀 행복, 큰 대회에서 상을 받았을 때의 행복도 시간이 지나면 사라지지요. 이렇게 행복한 감정이 금방 사라지는 까닭은 **생존**˚을 위해서예요. 어제 음식을 먹었을 때의 행복감이 계속되면 오늘 음식을 먹지 않아 영양분을 채울 수 없을 것이고, 어떤 일을 통해 얻은 행복감이 오래가면 사람들은 다음 목표를 세우지 않을 거예요. 그래서 행복한 감정은 단기적인 목표 달성 후 사라져 버리는 거예요. 어려운 시험에 합격하는 것, 4년 동안 열심히 운동해서 금메달을 따는 것, 20년 동안 돈을 모아서 집을 사는 것 등의 결과보다 중요한 것은 그 과정에서 작은 행복을 느끼고, 그것을 이루거나 얻은 뒤에 하루하루를 행복하게 사는 것이에요.

　또 다른 이유는 작은 행복을 자주 경험하는 것이 삶의 만족도를 높이기 때문

- **빈도**(頻 자주 빈, 度 법도 도) 같은 현상이나 일이 반복되는 횟수.
- **생존**(生 날 생, 存 있을 존) 살아 있음. 또는 살아남음.

이에요. ㉠미국의 심리학자인 마틴 셀리그먼 연구팀은 작은 긍정적인 경험이 사람들의 전반적인 행복에 큰 영향을 미친다는 연구 결과를 2011년에 발표했어요. 셀리그먼의 연구에 따르면 매일 세 가지 좋은 일을 기록하는 사람들이 그렇지 않은 사람들보다 더 큰 행복과 낮은 스트레스를 경험한다고 해요. 또 2012년에 영국에서 영국 국민 1,000명을 대상으로 한 설문 조사에 따르면, 작은 행복을 자주 경험하는 사람들이 큰 행복을 가끔 경험하는 사람들보다 더 높은 삶의 만족도를 느낀다고 해요. 가족과 함께 저녁을 먹을 때, 친구와 즐거운 시간을 보낼 때 행복을 느끼고 이런 행복 횟수가 쌓일수록 더 행복해진다는 거예요.

『안네의 일기』에는 독일 나치의 학살을 피해 **은신처**˚에 갇혀 있던 사람들이 그곳을 나가면 하고 싶은 일을 이야기하는 장면이 나와요. 안네의 친언니인 마고트와 이웃인 반 단 아저씨는 뜨거운 물을 넘치게 받아 놓고 30분 동안 목욕을 하고 싶다고 해요. 반 단 아줌마는 당장 집에 달려가 크림케이크를 먹고 싶다고 하고, 엄마는 뜨거운 커피 한 잔을 마시고 싶다고 하지요. 이런 것들은 모두 거창한 바람이 아니에요. 모두 은신처로 오기 전 평범한 일상에서 작은 행복감을 얻었던 일들이에요. 실제로 행복한 기억이 많은 사람들이 유대인 수용소 생활을 버티고 끝내 살아남았다고 해요.

그러니까 일상에서 소소한 행복의 기억을 많이 쌓는 것이 중요해요. 행복의 빈도를 높이기 위해 스스로 작은 행복들을 발견하고, 순간순간에 감사하고, 주변 사람들과 좋은 관계를 유지해야 하지요. 언제 올지 모를 미래의 큰 행복을 기다리다 매일의 작은 행복을 놓치지 않는다면, 우리의 삶은 언제나 행복으로 가득 찰 거예요.

● **은신처**(隱 숨을 은, 身 몸 신, 處 곳 처) 몸을 숨기는 곳.

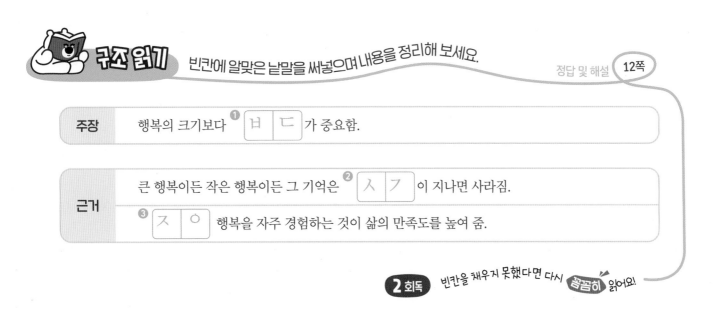

구조읽기 빈칸에 알맞은 낱말을 써넣으며 내용을 정리해 보세요.

정답 및 해설 12쪽

주장	행복의 크기보다 ❶ ㅂ ㄷ 가 중요함.

| 근거 | 큰 행복이든 작은 행복이든 그 기억은 ❷ ㅅ ㄱ 이 지나면 사라짐. |
| | ❸ ㅈ ㅇ 행복을 자주 경험하는 것이 삶의 만족도를 높여 줌. |

2회독 빈칸을 채우지 못했다면 다시 꼼꼼히 읽어요!

1 이 글의 글쓴이가 무엇에 대한 의견을 말하였는지 찾아 ○표 하세요.

(1) 큰 행복과 작은 행복의 기준은 무엇인가?　(　　　)

(2) 행복을 느끼는 순간은 모든 사람이 같은가?　(　　　)

(3) 행복의 크기와 빈도 중 무엇이 더 중요한가?　(　　　)

2 글쓴이가 의견에 대한 근거로 제시한 것을 두 가지 고르세요.　(　　,　　)

① 행복은 스트레스 수치를 낮춘다.

② 크든 작든 행복한 기억은 시간이 지나면 사라진다.

③ 작은 행복을 자주 경험하면 삶의 만족도가 높아진다.

④ 큰 행복은 행복에 감사하는 마음을 크게 키울 수 있다.

⑤ 큰 행복을 줄 수 있는 일은 행복에 대한 기대감을 높인다.

3 ㉠이 근거 자료로 타당한지 판단하는 기준으로 알맞지 <u>않은</u> 것은 무엇인가요?

(　　　)

① 최신 자료인지 확인한다.

② 자료의 양이 방대한지 확인한다.

③ 자료의 출처가 분명한지 확인한다.

④ 자료가 근거의 내용과 관련 있는지 확인한다.

⑤ 믿을 수 있는 인물이나 단체의 자료인지 확인한다.

4 이 글에서 글쓴이의 주장을 뒷받침하기 위해 추가할 자료로 알맞은 것을 골라 기호를 쓰세요.

> ㉮ 어느 가족의 행복한 순간이 담긴 사진
>
> ㉯ 세계 여러 나라의 건강 지수에 관한 최신 자료
>
> ㉰ 우리 반 친구들이 선호하는 어린이날 선물 조사 자료
>
> ㉱ 소소한 행복을 자주 느끼는 사람이 삶을 긍정적으로 대한다는 세계 보건 기구의 연구 결과

(　　　)

5 이 글의 글쓴이의 당부를 실천하려는 친구를 찾아 이름에 ○표 하세요.

매일매일 작은 선물을 받는
것보다 값비싸고 큰 선물 딱
한 번 받는 게 더 행복하니까
엄마께 앞으로는 큰 선물을 가끔
사 달라고 말씀드려야겠어.

유진

등굣길에 만난 친구가
갑자기 작은 초콜릿을 주었는데
게임기를 선물로 받았을 때보다
더 행복했어. 매일매일 행복한
순간들을 떠올려 봐야지.

로미

큰 목표를 세우고
그 목표를 이루기
위한 계획표를
만들어야겠어.

봉식

큰 행복은 삶을 성장시키고
목표를 달성시키므로
큰 행복을 얻기 위해 일상의
작은 행복을 포기해야겠어.

자연

근거의 타당성을 판단할 때는 주장과
관련이 있는 근거인지, 근거 자료가
적절한지 살펴봐야 해요.

6 이 글에서 제시한 근거와 그 근거를 뒷받침하는 자료가 타당한지 판단하여 써 보세요.

_____

_____

_____

_____

2⁺ 주차 에서 우리는

06 시의 어죠

청유형 어조
- 엄마야, 오빠야 강변 살자!
- 사 줘!

명령형 어조
- 해야 솟아라! 해야 솟아라!
- 지금 저녁인데!

의문형 어조
- 개미야 나는 얼만큼 작으니?
- 지금 나 놀리는 거지?

예찬적 어조
- 님이여, 사랑이여! 아침 볕의 첫 걸음이여!
- 잠꼬대야?

개념 사전

우리가 즐거운 기분을 전할 때, 슬픈 일을 전할 때 목소리가 달라지는 것처럼 시도 전달하고자 하는 내용에 따라 어조가 달라져요. 시의 어조를 파악하면 그 시의 분위기와 시인이 전달하고자 하는 마음을 이해할 수 있답니다.

✦ **시의 어조** 말하는 이의 목소리 특징 또는 말투를 시의 어조라고 함. 시의 어조에 따라 시의 분위기가 달라지기도 함. 친근한 어조는 친하고 부드러운 느낌을 주고, 명령형 어조는 단호한 느낌을 줌. 한 시에 여러 가지의 어조가 섞여 있을 수 있음.

- **듣는 대상이 있느냐 없느냐에 따라**: 대화, 독백
- **말하는 이의 태도와 감정에 따라**: 청유형, 명령형, 의문형, 긍정적, 부정적, 희망적, 절망적, 예찬적 등

확인 문제를 풀어 보며 개념을 익혀요.

1~2 **시의 어조 유형에 대한 설명과 알맞은 유형을 찾아 선으로 이으세요.**

1 듣는 대상이 있느냐 없느냐에 따라 •

• ① 대화, 독백 어조

2 말하는 이의 태도와 감정에 따라 •

• ② 청유형, 명령형, 의문형, 긍정적, 부정적, 희망적, 절망적 어조

3~4 **다음 시에 나타난 어조로 알맞은 것에 ○표 하세요.**

3 눈은 눈은 하늘에 설탕일까요?
설탕이면 달지 않고 이만 시릴까?

눈은 눈은 하늘에 소금일까요?
소금이면 짜지 않고 이만 시릴까?

< 청유형 어조 의문형 어조

4 죽는 날까지 하늘을 우러러
한 점 부끄럼이 없기를,
잎새에 이는 바람에도
나는 괴로워했다

< 독백 어조 대화 어조

정답 1① 2② 3 의문형 어조 4 독백적 어조

가 낙타

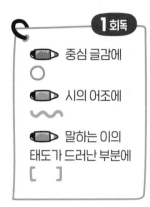

저런,

등에

혹이

㉠두 개씩이나?

사막을 터벅터벅

㉡무겁겠다 얘

아니야,

이건

㉢내 도시락인걸!

타박타박 사막이

㉣즐겁단다 얘

● **혹** 표면으로 불룩하게 나온
부분.

구조 읽기 빈칸에 알맞은 낱말을 써넣으며 내용을 정리해 보세요.

정답 및 해설 14쪽

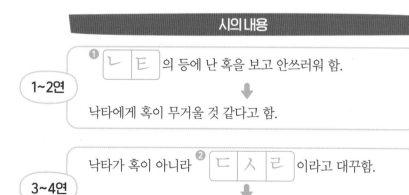

시의 내용	시의 어조
1~2연 ① ㄴㅌ 의 등에 난 혹을 보고 안쓰러워 함. ⬇ 낙타에게 혹이 무거울 것 같다고 함.	• 대화 어조 • 부정적 어조
3~4연 낙타가 혹이 아니라 ② ㄷㅅㄹ 이라고 대꾸함. ⬇ 낙타는 사막이 즐겁다고 함.	• 대화 어조 • 긍정적 어조

2회독 빈칸을 채우지 못했다면 다시 꼼꼼히 읽어요!

나 바람

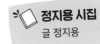
정지용 시집
글 정지용

바람,

바람,

바람,

늬는 내 귀가 좋으냐?

늬는 내 코가 좋으냐?

늬는 내 손이 좋으냐?

내사 왼통 빨개졌네

내사 아무치도 않다.

호 호 추워라 **구보*** 로!

* **구보**(驅 몰 구, 步 걸음 보) 달
  리어 감. 또는 그런 걸음걸이.

 빈칸에 알맞은 낱말을 써넣으며 내용을 정리해 보세요.

정답 및 해설 14쪽

시의 내용	시의 어조
1~2연 바람을 부름. ↓ ❸ [ㅂ ㄹ]에게 내 귀, 코, 손 중에 무엇이 좋으냐고 물음.	• 독백 어조(혼잣말로 바람에게 질문함.) • 의문형 어조
3~5연 바람 때문에 빨개졌지만 괜찮다고 말함. ↓ 추위를 이겨 내기 위해 ❹ [ㄱ ㅂ]를 함.	• 독백 어조(혼잣말로 바람에게 대답함.) • 긍정적 어조

2 회독 빈칸을 채우지 못했다면 다시 꼼꼼히 읽어요!

1 시 **가**와 **나**의 말하는 이에 대한 설명으로 알맞은 것을 두 가지 고르세요.

(,   )

① 시 **가**의 말하는 이는 두 명이다.

② 시 **가**의 말하는 이는 자신이 있는 곳을 떠나고 싶어 한다.

③ 시 **나**의 말하는 이는 대상에게 질문을 하고 있다.

④ 시 **나**의 말하는 이는 대상의 존재를 무서워하고 있다.

⑤ 시 **가**와 **나**의 말하는 이는 자신의 삶을 반성하고 있다.

2 시 **가**와 **나**의 내용을 바르게 파악한 것에 ○표 하세요.

(1) 시 **가**의 낙타는 도시락을 먹을 생각에 즐거워하고 있다. (   )

(2) 시 **가**의 낙타는 사막을 걷는 것은 힘들다며 투덜대고 있다. (   )

(3) 시 **나**의 말하는 이는 바람 때문에 감기에 걸렸다. (   )

(4) 시 **나**의 말하는 이는 바람 때문에 귀와 코와 손이 빨개졌다. (   )

3 시 **가**의 ㉠~㉣ 중 말하는 이의 부정적인 어조가 드러난 부분을 모두 찾아 기호를 쓰세요.

(,   )

4 시 **나**를 낭송할 때의 어조로 가장 알맞은 것은 무엇인가요? (   )

① 씩씩하고 밝은 어조

② 슬프고 안타까운 어조

③ 담담하고 냉정한 어조

④ 섬세하고 날카로운 어조

⑤ 굳은 마음이 드러나는 어조

5 시 **가** 의 낙타와 같은 삶의 태도가 나타난 시구를 찾아 ○표 하세요.

(1) 청개구린 비 부르는 요물인가 봐.   (   )

(2) 얇은 옷은 입었지만 춥긴 뭐 추워   (   )

(3) 아침 비는 해님 눈물 저녁 비는 달님 눈물   (   )

6 시 **나** 에 대한 감상을 알맞게 말하지 <u>못한</u> 친구의 이름을 쓰세요.

> 경수: 말하는 이가 바람을 사람처럼 표현하는 부분이 재미있어.
>
> 민호: '호 호 추워라'라고 말하는 부분에서 바람의 차가움이 생생하게 느껴져.
>
> 지현: '늬는 내 손이 좋으냐?'라고 말하는 부분은 바람이 손에 닿는 것을 표현한 것 같아.
>
> 연수: 바람이 '내사 아무치도 않다.'라고 말하는 부분에서 바람의 다정함을 느낄 수 있어.

(   )

> 시에서 말하는 이의 말투를 어조라고 해요. 어조를 잘 나타낼 수 있는 글감을 골라 시를 써 보아요!

7 다음에 제시된 글감과 어조를 골라 그에 어울리는 짧은 시를 써 보세요.

글감	어조
친구 단추 조약돌 소풍 나무 바람	긍정 부정 대화 명령 예찬 청유 의문 독백

07 비교와 대조 짜임으로 요약하기

재인아, 안녕!

두리, 두실 안녕! 그런데 누가 두리고 누가 두실이야?

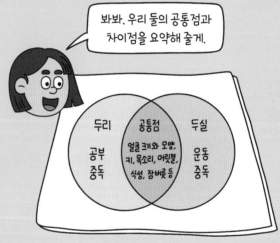

봐봐. 우리 둘의 공통점과 차이점을 요약해 줄게.

두리
공부 중독

공통점
얼굴 크기와 모양, 키, 목소리, 머릿결, 식성, 잠버릇 등

두실
운동 중독

어떤 두 대상을 놓고 살펴보면 공통점도 있지만 차이점도 있어요. 그래서 두 대상 이상을 같이 설명할 때 공통점과 차이점을 찾아 설명하면 그 대상의 특징을 두드러지게 보여 줄 수 있어요.

✦**비교·대조** 둘 이상의 대상에서 공통점이나 차이점을 찾아 설명하는 방법

✦**비교와 대조 짜임으로 요약하는 방법**

비교와 대조의 방법을 사용해 설명한 글을 요약할 때는 ⬤⬤ 틀이 어울림. 가운데에 공통점을 정리하고, 양쪽에 차이점을 정리함.

다음 글을 요약 틀에 알맞게 정리하세요.

> 호랑이와 사자는 둘 다 고양잇과에 속하는 육식 동물이다. 호랑이는 넓은 지역을 홀로 돌아다니며 단독 생활을 하는 습성이 있다. 단독 생활을 하는 호랑이는 넓은 지역에 혼자 있어 사냥할 때 동료들과 치열하게 경쟁하지 않고, 먹이를 독차지할 수 있다. 하지만 혼자서 사냥하기 때문에 사냥에 실패하면 쫄쫄 굶게 된다. 사자는 호랑이와 달리 무리를 지어 생활하는 습성이 있다. 사자의 무리는 보통 수컷 2마리와 암컷 7마리 그리고 여러 마리의 새끼들로 구성되어 있다. 사자는 오래 달리지 못하는 동물이어서 집단 사냥을 한다. 집단 사냥을 하면 들소 같은 큰 먹잇감도 쉽게 잡을 수 있다.

> 경주 불국사 대웅전 앞뜰에는 두 개의 탑이 있는데, 다보탑과 석가탑이다. 다보탑과 석가탑은 둘 다 화강암으로 만든 탑이고, 통일 신라 시대에 만들어졌다. 두 탑은 모두 역사적 가치를 인정받아 국가유산으로 지정되었다.
>
> 하지만 두 탑의 모습은 매우 다르다. 다보탑은 귀부인처럼 장식이 많고 화려하다. 십자 모양의 받침 주변에 돌계단이 있고, 그 위에 사각, 팔각, 원 모양으로 쌓아 올린 돌이 있다. 반면 석가탑은 선비처럼 단아하면서도 세련미가 있다. 사각 평면 받침 위에 삼 층으로 쌓아 올린 돌이 균형 있게 서 있다.

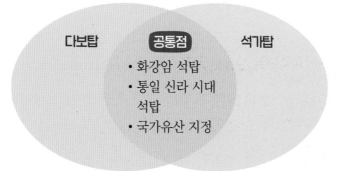

지구형 행성과 목성형 행성

1회독

🔖 설명 대상에 ⭕

🔖 설명 대상들의 공통점과 차이점에 ⌇

🔖 행성과 항성의 차이점에 [　　]

광활한˙ 우주 가운데 우리 은하가 있고, 우리 은하의 가장자리에 태양계가 있고, 태양계는 '수성, 금성, 지구, 화성, 목성, 토성, 천왕성, 해왕성' 8개의 행성이 태양을 중심으로 돌고 있습니다. 태양계의 중심이 되는 태양은 지구에서 가장 가까운 항성입니다. 항성은 태양이나 밤하늘의 별처럼 스스로 빛을 낼 수 있는 천체입니다. 이런 항성의 주위를 돌며 스스로 열이나 빛을 내지 못하는 천체는 행성입니다.

천문학 연구와 교류˙를 촉진하기˙ 위해 1919년에 만들어진 국제 천문 연맹은 2006년 행성의 기준을 정의했습니다. 국제 천문 연맹이 정한 행성의 기준에 따르면 ㉠행성은 태양 주위를 공전하고, 구형에 가까운 모양을 유지하며, 질량이 있어야 합니다. 그리고 다른 행성의 위성이 아니고, 궤도 주변에서 지배적인 천체여야 합니다. 궤도 주변에서 지배적인 천체가 아닌 걸로 밝혀진 명왕성은 이때 태양계 행성에서 제외되었습니다. 남은 여덟 개의 행성은 지구형 행성과 목성형 행성으로 나뉩니다.

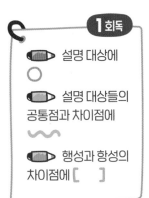

▲ 태양과 8개의 행성의 위치(크기는 실제와 다름)

지구형 행성과 목성형 행성은 위치와 크기에 따라 나눕니다. 지구형 행성은 ㉡항성인 태양에 가까이 있는 수성, 금성, 지구, 화성을 말합니다. 그리고 목성형 행성은 태양에서 멀리 있는 목성, 토성, 천왕성, 해왕성입니다. 지구형 행성과 목성형 행성은 크기에서 차이가 납니다. 목성형 행성은 지구형 행성에 비해 무척 큽니다. 목성형 행성 중 크기가 가장 작은 해왕성도 지름이 지구의 네 배 정도입니다.

▲ 지구형 행성과 목성형 행성의 크기

지구형 행성과 목성형 행성은 구성과 밀도에서도 차이가 납니다. 지구형 행성은 크기가 작지만 단단하고 밀도가 높습니다. 그 이유는 지구형 행성이 암석이나 금속과 같이 밀도 높은 물질로 이루어져 있기 때문입니다. 지구형 행성의 평균 밀도는 목성형 행성보다 3배가량 높은 것으로 알려져 있습니다. 반면에 목성형 행성은 ㉢크기가 커서 질량은 크지만 단단하지 않기 때문에 밀도가 낮습니다. 그 이유는 목성형 행성이 가벼운 물질인 수소, 헬륨, 얼음 등으로 이루어져

• **광활**(廣 넓을 광, 闊 트일 활)**하다** 막힌 데가 없이 트이고 넓다.

• **교류**(交 사귈 교, 流 흐를 류) 문화나 사상 따위가 서로 오감.

• **촉진**(促 재촉할 촉, 進 나아갈 진)**하다** 다그쳐 빨리 나아가게 하다.

있기 때문입니다.

지구형 행성과 목성형 행성은 공기 성분과 모양, 위성의 수도 다릅니다. 지구형 행성의 ㉣공기는 산소, 질소, 이산화 탄소, 수증기가 주를 이루고 있습니다. 지구형 행성은 자전 속도가 느려서 대부분 완전한 구 형태이며 고리가 없습니다. 그리고 행성 주변을 돌고 있는 위성의 수가 적습니다. 목성형 행성의 ㉤공기 성분은 가벼운 수소와 헬륨이 주를 이룹니다. 목성형 행성은 아주 빠르게 자전하는데 그 자전 속도 때문에 위아래로 약간 눌린 구 형태를 띠고 있습니다. 그리고 회전 속도가 아주 빠른 가스들이 행성으로 빨려 들어가지 않고 행성 바깥에서 고리를 이루고 있습니다.

우주는 아직 크기나 그 끝이 밝혀지지 않은 **미지**˚의 영역입니다. 지금도 우주, 우리 은하, 태양계에 대한 **탐사**˚와 연구가 계속되고 있습니다. 행성의 크기, 질량, 밀도 등의 공통점과 차이점은 행성의 특징을 이해하는 데 중요한 요소입니다. 행성에 대해 새롭게 알게 된 지식은 우주를 이해하고, 우주 연구에 대한 관심을 키우는 출발점이 될 것입니다.

- **미지**(未 아닐 미, 知 알 지) 아직 알지 못함.
- **탐사**(探 찾을 탐, 査 사실할 사) 알려지지 않은 사물이나 사실 따위를 샅샅이 더듬어 조사함.

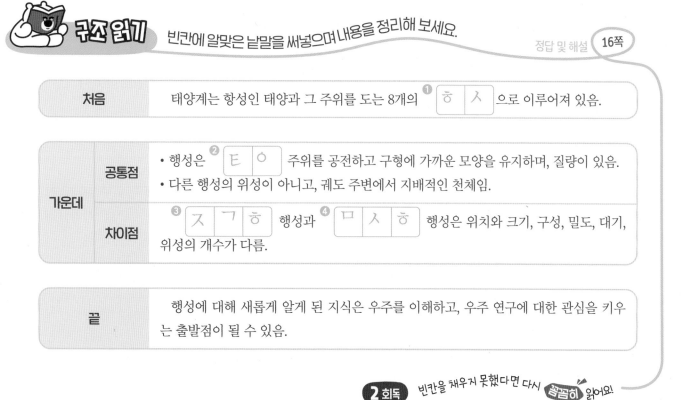

구조 읽기 빈칸에 알맞은 낱말을 써넣으며 내용을 정리해 보세요.

정답 및 해설 16쪽

| 처음 | 태양계는 항성인 태양과 그 주위를 도는 8개의 ❶ ㅎ ㅅ 으로 이루어져 있음. |

| 가운데 | 공통점 | • 행성은 ❷ ㅌ ㅇ 주위를 공전하고 구형에 가까운 모양을 유지하며, 질량이 있음.
• 다른 행성의 위성이 아니고, 궤도 주변에서 지배적인 천체임. |
| | 차이점 | ❸ ㅈ ㄱ ㅎ 행성과 ❹ ㅁ ㅅ ㅎ 행성은 위치와 크기, 구성, 밀도, 대기, 위성의 개수가 다름. |

| 끝 | 행성에 대해 새롭게 알게 된 지식은 우주를 이해하고, 우주 연구에 대한 관심을 키우는 출발점이 될 수 있음. |

2 회독 빈칸을 채우지 못했다면 다시 꼼꼼히 읽어요!

1 이 글에서 설명하고 있는 대상을 두 가지 골라 ○표 하세요.

(1) 우리 은하 (   )   (2) 목성형 행성 (   )

(3) 지구형 행성 (   )   (4) 인공위성의 탐사 (   )

2 이 글의 내용과 일치하는 것은 무엇인가요? (   )

① 태양계에 행성은 셀 수 없이 많이 있다.

② 우주 연구를 통해 우주의 크기가 밝혀졌다.

③ 국제 천문 연맹은 2006년 항성의 기준을 정했다.

④ 태양은 우리 은하의 중심으로 지구에서 가장 먼 항성이다.

⑤ 명왕성은 궤도 주변에서 지배적인 천제가 아닌 것으로 밝혀져 행성에서 빠졌다.

3 이 글의 설명 방법으로 알맞은 것은 무엇인가요? (   )

① 대상의 특징을 나열하여 설명하였다.

② 대상에 대한 전문가의 의견을 인용하여 설명하였다.

③ 대상이 변화한 과정을 시간의 흐름에 따라 설명하였다.

④ 두 대상을 서로 견주어 비슷한 점과 차이점을 설명하였다.

⑤ 대상이 앞으로 어떻게 변화할지를 중심으로 자세히 설명하였다.

4 ㉠~㉤을 다음 틀에 알맞게 구분해 기호를 쓰세요.

5 이 글을 참고하여, 다음 기사를 바르게 이해하지 <u>못한</u> 친구의 이름을 쓰세요.

> 행성은 태양계에만 있는 것이 아니다. 태양계 밖에 있는 별 주위를 도는 행성을 '외계 행성'이라고 한다.
> 천문학자들이 우주 망원경 등을 통해 확인한 외계 행성의 수가 5,000개를 넘어섰다. 발견된 외계 행성 중
>
> ▲ 외계 행성
>
> 35%는 해왕성이나 천왕성과 크기가 비슷한 거대 얼음 행성, 31%는 지구와 같은 암석 행성이지만 지구보다 질량이 큰 슈퍼지구, 30%는 토성이나 목성 같은 거대한 가스 행성이며, 나머지 4%가 지구와 크기가 비슷하거나 조금 작은 암석 행성이다.

> 민아: 외계 행성은 다른 행성의 위성은 아니겠구나.
> 수지: 외계 행성은 구형에 가까운 모양을 유지하겠구나.
> 은채: 외계 행성은 밤하늘의 별처럼 스스로 빛을 내겠구나.

(   )

> 비교와 대조의 짜임으로 설명할 대상을 주변에서 찾아보고, 설명 대상의 공통점과 차이점을 찾아 정리해요.

6 설명하고 싶은 대상을 찾아 비교와 대조의 짜임으로 써 보세요.

• 설명 대상:

• 설명 대상의 공통점:

• 설명 대상의 차이점:

08 뉴스의 타당성

뉴스는 보는 사람의 생각이나 행동에 영향을 미쳐요. 그렇기 때문에 뉴스를 만드는 이들은 타당성 있는 뉴스를 만들어야 하고, 뉴스를 보는 사람은 뉴스의 타당성을 따져야 해요.

뉴스의 타당성을 판단하는 방법

- 보도 자료의 출처가 정확하고 믿을 만한지 살펴보기
- 뉴스의 내용이 중요하고 보도할 가치가 있는지 살펴보기
- 보도를 위해 활용한 자료들이 뉴스 내용을 뒷받침하는지 살펴보기

타당성 있는 뉴스를 만드는 방법

- 심도 있고 근거 있는 정보를 준비함.
- 다양한 출처를 통해서 정보가 정확하고 믿을 만한지 확인함.
- 제작자의 생각을 담지 않고, 객관적인 정보를 제공함.

1~4 뉴스 진행자의 도입 내용을 보고, 기자의 보도 내용으로 들어가기에 알맞은 자료에 ○표 하고, <u>아닌</u> 것에 ✕표 하세요.

> 뉴스 진행자: 최근 전국 가구의 약 25퍼센트가 반려동물을 키우고 있으며, 이로 인해 불법으로 버려지는 동물 또한 늘어나 사회적 문제가 되고 있습니다. 이러한 문제를 해결하기 위해 정부는 병원에 입원하거나 군대에 가는 이유 등으로 반려동물을 키울 수 없을 때, 지역 자치 단체가 반려동물을 인수하여 보호하는 '반려동물 인수제' 도입을 논의하고 있습니다. 자세한 내용은 이준 기자가 취재했습니다.
>
> 기자: '반려동물 인수제'에 대해 자세히 알아보겠습니다.

1 동물 전문가인 동물원의 조련사를 면담한 내용 (   )

2 반려동물 인수제의 목적과 효과를 자세히 취재한 내용 (   )

3 반려동물을 키우는 가구가 늘어나는 원인을 분석한 자료 (   )

4 반려동물 인수제 도입을 추진하고 있는 정부 기관과 지역 자치 단체에 도입 시기와 방법을 문의한 내용 (   )

정답 1✕ 2○ 3✕ 4○

1회독

◉ 뉴스의 소재에
○

◉ 타당성 있는
뉴스를 만들기 위해
취재한 내용에 ~~~

◉ 뉴스 보도의
목적이 드러난 부분에
[　　]

진행자: 경기 고양경찰청이 청소년들의 안전과 청소년 범죄 예방을 위해 고양시의 공중화장실 곳곳에 '홈커밍 스피커'를 설치했습니다. 이것은 청소년들만 들을 수 있는 고주파가 재생되는 스피커입니다. 늦은 시간 공중 화장실에서 이유 없이 오랫동안 머물거나 방황하는 청소년들에게 '삐' 소리가 나는 고주파 음향을 들려주어 청소년들이 자연스럽게 밖으로 나가도록 **유도하는** 것입니다. 어떻게 이런 일이 가능한지 고주파 스피커의 비밀을 알아보겠습니다.

기자: 사실, 고주파 스피커가 이번에 처음으로 도입된 것은 아닙니다. 2005년 영국의 한 보안 업체가 쇼핑몰에서 말썽을 부리는 10대들을 내쫓기 위해 그들에게만 들리는 듣기 싫은 고주파 소리를 내보내면서 처음 등장했습니다. 이후 국내의 한 업체가 선생님은 듣지 못하고 10대들만 들을 수 있는 벨 소리인 '틴 벨'을 내놓았고, 그 벨 소리가 수업 분위기를 흐리는 방해꾼이 되기도 했습니다. 이처럼 고주파 소리는 특정 연령층을 대상으로 소리를 **제어하여** 공간의 활용도를 높이거나 특정 연령층만 사용 가능한 상품을 만드는 데 이용되었습니다. 그렇다면 이러한 고주파 스피커는 어떻게 작동하는 것일까요? 고주파 스피커의 비밀을 알아보기 위해 ○○대학교 물리학과 교수를 만났습니다.

물리학과 교수: 고주파 스피커의 비밀은 바로 소리의 주파수에 있습니다. 소리는 물체가 떨리면서 생기는데, 이 소리의 떨림을 '진동'이라고 합니다. 그리고 진동이 얼마나 자주 일어나는지를 '주파수'라고 합니다. ㉮사람의 귀는 특정

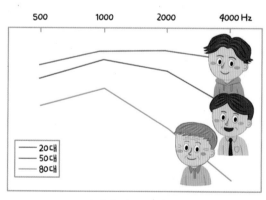
▲ 나이에 따른 가청 주파수

범위의 주파수를 들을 수 있습니다. 이 범위를 '가청 주파수'라고 합니다. 보통 사람은 20Hz에서 20,000Hz 사이의 소리를 들을 수 있습니다. 하지만 나이가 들수록 가청 주파수 영역대가 줄어들어 어른들은 높은 주파수 즉, 고주파 소리를 잘 듣지 못하고 청소년들은 상대적으로 높은 주파수 소리를 잘 듣습니다. 10대 청소년은 약 1만 9,000Hz의 고주파 소리까지 들을 수 있다고 합니다.

기자: 홈커밍 스피커는 바로 이 점을 이용합니다. 실제로 고주파 스피커는 약

● **유도**(誘 꾈 유, 導 이끌 도)**하다** 사람이나 물건을 목적한 장소나 방향으로 이끌다.

● **제어**(制 억제할 제, 御 어거할 어)**하다** 기계나 설비 또는 화학 반응 따위가 목적에 알맞은 작용을 하도록 조절하다.

17,000Hz 이상의 높은 주파수 소리를 내보냅니다. 어른들은 이 소리를 듣지 못하지만, 청소년들은 이 소리를 듣고 불편함을 느낍니다. 그래서 청소년들이 자연스럽게 그 장소에서 벗어나게 되는 것입니다.

  하지만 홈커밍 스피커 설치에 반대하는 사람들도 많습니다. 학부모 단체에서는 고주파 스피커가 청소년의 청력에 악영향을 미칠 수 있다며 우려의 목소리를 내고 있고, 청소년 단체에서는 특정 시간대 특정 집단의 화장실 사용을 제한한다는 점에서 청소년 차별이라고 주장하고 있습니다.

진행자: 오늘은 청소년만 들을 수 있는 고주파가 재생되는 스피커의 비밀을 알려 드렸습니다. 이 스피커는 소리의 주파수와 사람의 나이에 따른 가청 주파수의 차이를 이용한 것입니다. 어떤 기술이든 항상 긍정적으로만 사용되는 것은 아닙니다. 때로는 사람들을 불편하게 하거나 소외시키는 방법으로 사용될 수도 있습니다. 그래서 이 기술이 앞으로 어떻게 사용될지 우리 사회가 관심을 가지고 지켜보아야 하겠습니다.

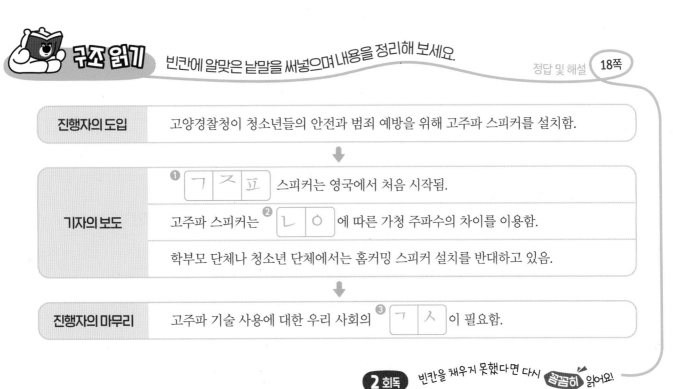

구조 읽기 빈칸에 알맞은 낱말을 써넣으며 내용을 정리해 보세요.

정답 및 해설 18쪽

진행자의 도입	고양경찰청이 청소년들의 안전과 범죄 예방을 위해 고주파 스피커를 설치함.

기자의 보도	❶ ㄱㅈㅍ 스피커는 영국에서 처음 시작됨.
	고주파 스피커는 ❷ ㄴㅇ 에 따른 가청 주파수의 차이를 이용함.
	학부모 단체나 청소년 단체에서는 홈커밍 스피커 설치를 반대하고 있음.

진행자의 마무리	고주파 기술 사용에 대한 우리 사회의 ❸ ㄱㅅ 이 필요함.

2 회독 빈칸을 채우지 못했다면 다시 **꼼꼼히** 읽어요!

1 이 글의 내용으로 알맞지 <u>않은</u> 것은 무엇인가요?   (   )

① 소리는 물체가 떨리면서 생긴다.

② 고주파는 늦은 밤에만 들을 수 있다.

③ 주파수는 진동의 횟수와 관련이 있다.

④ 어른들은 고주파 소리를 잘 듣지 못한다.

⑤ 보통 사람의 가청 주파수는 20Hz에서 20,000Hz 사이이다.

2 '홈커밍 스피커'는 다음 중 어떤 점을 이용해서 만든 것인가요?   (   )

① 청소년들이 좋아하는 소리가 있다는 것

② 청소년들이 소리에 민감하지 않다는 것

③ 장소에 따라 들을 수 있는 소리가 다르다는 것

④ 청소년들이 들을 수 있는 소리가 제한적이라는 것

⑤ 청소년들이 높은 주파수 소리를 듣고 불편함을 느낀다는 것

3 보기는 어떤 방법으로 이 뉴스의 타당성을 판단했는지 찾아 ○표 하세요.

> ┤ 보기 ├
>
> 이 뉴스에서는 고주파 스피커의 작동 원리를 설명하기 위해 누구나 알만
> 한 유명 물리학과 교수와 인터뷰를 해서 믿을 만해.

(1) 가치 있고 중요한 내용을 담았는지 살펴보았다.   (   )

(2) 믿을 만한 전문가와의 인터뷰인지 살펴보았다.   (   )

(3) 활용한 자료가 뉴스의 내용을 뒷받침하는지 살펴보았다.   (   )

4 이 뉴스의 타당성을 높이기 위해 할 일로 알맞은 것은 무엇인가요?

(   )

① 홈커밍 스피커의 효과를 예측해 보도한다.

② 홈커밍 스피커에 대한 진행자의 의견을 보도한다.

③ 홈커밍 스피커로 인해 느낀 편안함의 정도를 취재한다.

④ 홈커밍 스피커를 설치한 업체가 어디에 있는지 알아본다.

⑤ 홈커밍 스피커 설치에 반대하는 사람들과 인터뷰를 한다.

5 ㉠에 들어갈 뉴스의 제목으로 알맞은 것은 무엇인가요? (   )

① 나라별 현대 기술의 발전 방향

② 청소년을 바라보는 사회의 시각

③ 고주파 기술을 올바르게 사용한 사례

④ 모두의 관심이 필요한 기술 발전의 미래

⑤ 청소년만 들을 수 있는 고주파 스피커의 비밀

6 ㉫의 이해를 돕기 위해 활용할 자료를 알맞게 말한 것은 무엇인가요?

(   )

① 주파수의 뜻을 자막으로 보여 주는 것이 좋겠어.

② 주파수를 발견한 사람에 대한 정보를 알려 주는 것이 좋겠어.

③ 고주파 소리를 못 듣는 청소년들의 실제 사례를 보여 주면 좋겠어.

④ 주파수를 방송에서 활용하는 사례를 영상으로 보여 주는 것이 좋겠어.

⑤ 연령별로 특정 범위의 주파수 소리를 들려 준 실험 결과를 보여 주면 좋겠어.

> 뉴스의 타당성을 판단하려면 뉴스의 가치와 자료 출처를 살펴봐야 해요. 이를 바탕으로 뉴스의 타당성 여부를 검토해 보세요.

7 이 뉴스가 타당성이 있는지 판단해 보고 그 까닭을 함께 써 보세요.

_____

_____

_____

_____

09 이어질 내용 예측하기

이야기를 읽을 때 인물이 한 말이나 행동 그리고 일이 일어난 원인을 살펴보면 이어질 내용을 예측할 수 있어요. 그리고 이야기를 예측하며 읽으면 이야기를 더 능동적으로 읽을 수 있어요.

↪이야기의 이어질 내용 예측하기 이야기에 담겨 있는 정보를 바탕으로 이어질 내용을 짐작하는 것

↪이어질 내용을 예측하는 방법

• 일이 일어난 순서를 파악하기

• 일이 일어난 원인을 파악하고, 그 결과를 미리 짐작하기

• 앞부분에 제시된 내용과 인물들의 대화를 통해 뒤에 이어질 내용을 짐작하기

확인 문제를 풀어 보며 개념을 익혀요.

1~4 **이야기의 이어질 내용을 예측하는 방법으로 알맞으면 ○표, 아니면 ✕표 하세요.**

1 일이 일어난 순서를 파악한다. (   )

2 이야기에 등장하는 인물이 몇 명인지 살펴본다. (   )

3 일이 일어난 원인을 파악하고, 결과를 짐작해 본다. (   )

4 일어난 일과 비슷한 자신의 경험을 떠올려 해결 방안을 생각한다. (   )

5 **다음 이야기 뒤에 이어질 내용을 가장 알맞게 예측한 것에 ○표 하세요.**

> 옛날 어느 마을에 넘어지면 3년밖에 못 산다는 '3년 고개'가 있었다. 하루는 그 동네 사는 한 할아버지가 일을 보고 언덕을 내려오다 벌러덩 넘어지고 말았다. 할아버지는 3년밖에 못 산다는 생각에 시름시름 앓아누웠고, 그 소식이 마을에 퍼졌다. 어느 날 영특하기로 소문난 이웃집 소년이 할아버지를 찾아와 오래 살 수 있는 방법을 알려 주었다. "할아버지, 3년 고개에서 넘어지시면 돼요", "지금 나를 놀리는 게냐?" 할아버지가 버럭 화를 내자 소년이 의젓하게 말했다. "3년 고개에서 한 번 넘어져 3년밖에 못 살면, 2번 넘어지면 6년을 살 수 있고, 10번 넘어지면 30년을 살 수 있잖아요." 소년의 말을 듣고 할아버지도 곰곰이 생각해 보니 정말 그랬다.

(1) 할아버지는 시름시름 앓다가 돌아가셨다. (   )

(2) 할아버지는 자신을 놀린 소년 때문에 화가 나서 마을을 떠났다. (   )

(3) 할아버지는 '3년 고개'에 올라가 여러 번 넘어졌고, 오래오래 사셨다.

(   )

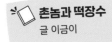
촌놈과 떡장수

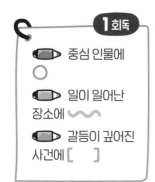
1회독

중심 인물에

일이 일어난
장소에 〰

갈등이 깊어진
사건에 [   ]

주인아저씨 말대로 17번 자리로 가던 나는 멈칫하고 멈춰 섰어요. 우리 반 장수가 16번에 앉아 있었기 때문입니다. 공부도 잘하고 옷도 멋있게 입고 다녀 여자아이들한테 인기가 좋은 장수를 가난한 우리 동네 피시방에서 만난 건 좀 뜻밖이었어요.

"어? 초, 촌놈 아냐? 너 이 동네 사냐?"

날 본 장수가 깜짝 놀랐어요. 나는 말없이 고개만 끄덕이고 자리에 앉아 게임을 시작했습니다.

"어? 제법 잘하는데, 나랑 같이 할래?"

나는 장수의 말이 믿기지 않았어요. 별 볼일 없는 아이들도 날 보면 촌놈이라고 놀리며 무시하는데 장수 같은 아이가 게임을 같이 하자니까요. 나는 간신히 고개를 끄덕였어요. 한 시간이 눈 깜짝할 새 지나가고 말았습니다. <중략>

장수를 교문 앞에서 만났습니다. 장수는 동준이와 걸어가고 있었어요. 다른 아이들에게도 우리가 친구 사이란 걸 알려 주고 싶었습니다.

"장수야, 장수야!"

장수와 동준이가 돌아보았습니다. 난 신주머니를 휘두르며 뛰어갔지요. 하지만 장수의 얼굴을 보는 순간, 나는 큰 잘못을 저지른 것처럼 얼굴이 화끈 달아올랐습니다. 장수가 날 바라보는 눈빛 때문이었습니다. 어제 피시방에서 함께 게임을 한 것이 꿈이었나 하는 착각이 들 만큼 날 무시하는 눈빛이었습니다.

동준이가 나와 장수를 번갈아 보았습니다. 나는 점점 눈 둘 데가 없어졌습니다.

㉮ "촌놈이 무슨 일로 날 부르냐?"

비웃음까지 담고 있는 장수를 보자 **모욕**°당한 기분이 들었습니다. 장수 앞에서 발걸음을 돌리는데, 문득 내가 아이들과 어울려 웃고 떠들 때 **먼발치**°에서 나를 바라보던 광식이의 눈길이 떠올랐습니다. 한 명이라도 함께 놀 친구가 있으면 자기를 무시해 버렸던 날 광식이는 어떻게 생각했을까요?

며칠 뒤 나는 장수를 또 피시방에서 만났습니다. 이번엔 내가 먼저 가서 하고 있는데 장수가 왔습니다.

"어? 촌놈 또 왔네. 언제 왔냐?"

날 모르는 척할 때는 언제고, 아무렇지도 않은 얼굴로 내게 말을 거는 장수에게 화가 치밀어 올랐습니다. 나는 함부로 별명을 부르며 무시해도 괜찮은 아이

● **모욕**(侮 업신여길 모, 辱 욕될 욕) 깔보고 욕되게 함.

● **먼발치** 조금 멀리 떨어진 곳.

가 아닙니다. 아는 척만 해 주어도 **감지덕지**˙ 고마워하는 광식이 같은 아이가 아닙니다. 도시 아이들에게 **주눅**˙이 들어 있었던 건 사실이지만 더 이상 참을 수는 없었습니다.

㉠"네가 무슨 상관이냐? 그리고 내가 촌놈이면 넌 떡장수다."

나는 장수를 째려보면서 말했어요. 이름 탓이기도 했지만 하고 많은 장수 중에 왜 떡장수가 떠올랐는지 모르겠어요. 아마도 내가 떡이라면 자다가도 일어날 만큼 좋아하기 때문인 모양입니다.

"뭐라고?"

장수의 얼굴이 시뻘게졌어요. <중략>

지하도를 건너려던 나는 깜짝 놀라 걸음을 멈추었습니다. 지하도 입구엔 떡 파는 할머니가 있었습니다. 엄마와 함께 지나가다 떡을 사 먹은 적이 여러 번 있습니다. 할머니의 손자도 나와 같은 학년이라고 했습니다. 그 사실을 안 할머니는 덤으로 떡 한 개씩을 더 주곤 했습니다. 마치 돌아가신 우리 할머니 같았어요. 그런데 그 할머니 대신 장수가 떡 그릇 앞에 앉아 있는 것입니다.

㉡나와 눈이 마주친 장수가 새빨개진 얼굴로 벌떡 일어나더니 어쩔 줄 몰라 했습니다. 나는 장수가 왜 그러는지 알 수가 없어 멀뚱히 바라보고 서 있었습니다.

- **감지덕지**(感 느낄 감, 之 갈 지, 德 덕 덕, 之 갈 지) 분에 넘치는 듯싶어 매우 고맙게 여기는 모양.
- **주눅** 기운을 제대로 펴지 못하고 움츠러드는 태도나 성질.

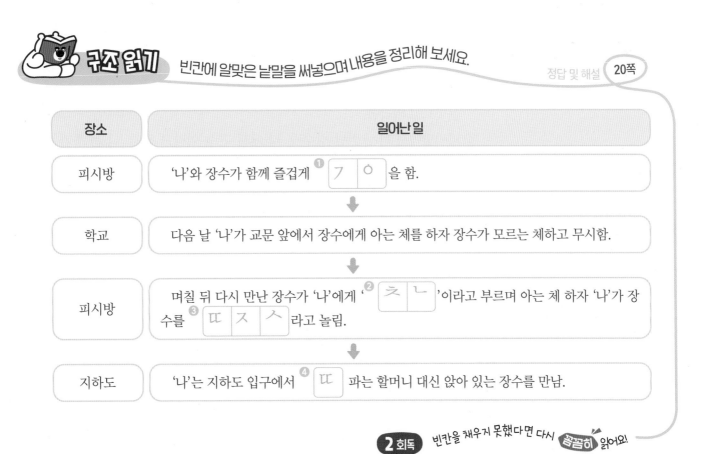

구조읽기 빈칸에 알맞은 낱말을 써넣으며 내용을 정리해 보세요.

정답 및 해설 **20쪽**

장소	일어난일
피시방	'나'와 장수가 함께 즐겁게 ❶ ㄱ ㅇ 을 함.
학교	다음 날 '나'가 교문 앞에서 장수에게 아는 체를 하자 장수가 모르는 체하고 무시함.
피시방	며칠 뒤 다시 만난 장수가 '나'에게 '❷ ㅊ ㄴ'이라고 부르며 아는 체 하자 '나'가 장수를 ❸ ㄸ ㅈ ㅅ 라고 놀림.
지하도	'나'는 지하도 입구에서 ❹ ㄸ 파는 할머니 대신 앉아 있는 장수를 만남.

2 회독 빈칸을 채우지 못했다면 다시 **꼼꼼히** 읽어요!

1 '나'와 장수의 특징을 빈칸에 알맞은 말을 넣어 정리하세요.

'나'	장수
별 볼일 없는 아이들도 무시하는 ❶ ☐☐	공부도 잘하고 옷도 멋있게 입고 다녀 여자아이들한테 ❷ ☐☐ 가 좋은 아이

2 ㉠에서 알 수 있는 '나'의 성격으로 알맞은 것은 무엇인가요? (   )

① 얌전하고 조용한 성격이다.

② 부지런하고 정직한 성격이다.

③ 이기적이고 계산적인 성격이다.

④ 자존심이 강하고 당당한 성격이다.

⑤ 참을성이 강하고 친구를 배려하는 성격이다.

3 이 이야기에서 일이 일어난 순서대로 번호를 쓰세요.

> ① '나'는 지하도에서 할머니 대신 떡 파는 그릇 앞에 앉아 있는 장수를 만남.
> ② '나'는 동네 피씨방에서 장수를 만나 함께 게임을 하며 즐거운 시간을 보냄.
> ③ '나'가 교문 앞에서 장수에게 아는 척을 했는데, 장수가 '나'를 무시하는 눈빛으로 바라봄.
> ④ 피씨방에서 다시 만난 장수가 '나'에게 '촌놈'이라고 하자 '나'는 화가 나서 '내가 촌놈이면 넌 떡장수다.'라고 말함.

(   ) ➡ (   ) ➡ (   ) ➡ (   )

4 ㉡으로 보아, 이어질 내용으로 알맞은 것에 ○표 하세요.

(1) '나'가 다시 전학을 가는 내용   (   )

(2) '나'가 장수의 비밀을 알게 되는 내용   (   )

(3) '나'와 동준이가 친한 친구가 되는 내용   (   )

(4) 장수가 학교에서 '나'에게 반갑게 인사하는 내용   (   )

5 이야기의 흐름으로 보아, ㉠처럼 말하는 장수의 속마음으로 알맞은 것은 무엇인가요? ( )

① '날 찾는 걸 보니 촌놈한테 정말 무슨 일이 일어났나보군.'

② '촌놈한테 친한 척하면 동준이가 이상하다고 생각할 테니 무시해야겠군.'

③ '촌놈도 우리와 함께 가고 싶어 하는 것 같은데 동준이를 설득해야 하나?'

④ '한 번 놀았는데도 날 친구라고 생각 안 하나 본데 나도 똑같이 되갚아 줘야지.'

⑤ '촌놈이 나보다 게임을 잘하는 걸 동준이가 알 수 있으니까 내 인기를 유지하려면 거리를 두어야지.'

6 이 이야기를 읽고, 장수에게 알맞게 조언한 친구의 이름에 ○표 하세요.

인디언 속담에 친구는 '내 슬픔을 등에 지고 가는 자'래. 친구가 슬퍼할 땐 함께 슬퍼하고, 위로해 주는 좋은 친구가 되어 주렴.

난희

누구에게나 들키고 싶지 않은 비밀이 있어. 하지만 진실은 언젠가 밝혀져. 그러니까 너의 있는 그대로의 모습으로 친구들에게 다가가 봐.

병주

사람은 주의 환경에 따라 변할 수 있고, 나쁜 사람과 가까이 지내면 나쁜 일을 할 수도 있어. 그러니까 좋은 친구를 잘 가려서 사귀어야 해.

윤빈

> 둘 사이에 어떤 일이 일어났고, 장수에게는 어떤 비밀이 있는지 생각하여 뒷이야기를 써 보아요!

7 이야기의 흐름이 자연스럽게 연결되도록 이어질 내용을 예측하여 써 보세요.

10 서평의 특징

1920년대 일제 강점기에 인력거를 끌며 하루하루 생계를 이어가던 김 첨지의 삶을 통해 당시 우리 민족의 비참한 현실을 보여 주는 작품이다.
유난히 운수가 좋은 날 아내가 좋아하는 설렁탕을 사 갔지만 아내는 설렁탕을 먹지 못하고 죽고 마는데…….

서평 너무 잘 썼고!

우리 딸이 이렇게 똑똑했나?

쿨~

날 좀 닮았지.

서평은 글쓴이가 소개하는 책을 어떻게 평가하는지, 그리고 책의 어떤 내용을 인상 깊게 읽었는지, 왜 이 책을 소개하는지 등을 생각하면서 읽는 게 좋아요.

✦ 서평 책의 내용이나 그 책만의 특징을 밝히며 책의 가치를 평가하는 글

✦ 서평에 들어가는 내용

- 책의 내용이나 줄거리
- 책을 쓴 작가와 등장인물 소개
- 책을 읽은 소감 및 책의 가치 평가
- 책을 읽게 된 동기 및 추천하는 이유

확인 문제를 풀어 보며 개념을 익혀요.

1~5 다음 서평을 읽고, 각각 무엇에 대해 쓴 것인지 **보기**에서 골라 기호를 쓰세요.

┤ **보기** ├
㉠ 책의 줄거리　　　　㉡ 책을 읽은 소감　　　　㉢ 책의 가치에 대한 평가
㉣ 책을 읽게 된 동기　　㉤ 작가에 대한 소개

1　　『긴긴밤』을 쓴 루리 작가는 글과 그림 작업을 모두 하는 작가이다. 『긴긴밤』으로 문학동네 어린이 문학상 대상을 받았다.

　　　　　　　　　　　　　　　　　　　　　　　　　　　　　　　　（　　　　　）

2　　흰바위코뿔소 노든과, 버려진 알에서 태어난 어린 펭귄이 사랑하는 이들의 몫까지 악착같이 살아 내며 긴긴밤을 뚫고 파란 바다로 나아가는 여정이 담겨 있다.

　　　　　　　　　　　　　　　　　　　　　　　　　　　　　　　　（　　　　　）

3　　몇 년 전 지구상에 하나 남은 수컷 북부흰코뿔소가 죽어 수컷 북부흰코뿔소가 멸종되었다는 뉴스를 본 기억이 떠올라 그 코뿔소가 주인공인 이 책을 읽게 되었다.

　　　　　　　　　　　　　　　　　　　　　　　　　　　　　　　　（　　　　　）

4　　너무나 다르지만 서로의 곁을 지켜 주는 노든과 어린 펭귄을 보며 진정한 사랑을 느낄 수 있었다. 어린 펭귄이 노든을 만나서 다행이었던 것처럼, 나도 이 책을 통해 어린 펭귄과 노든을 만나서 정말 다행이라는 생각이 들었다.

　　　　　　　　　　　　　　　　　　　　　　　　　　　　　　　　（　　　　　）

5　　『긴긴밤』은 멸종되어 가는 코뿔소와 극한의 상황에서도 삶을 포기하지 않는 펭귄의 모습을 아름답게 그려 낸 작품이라는 평가를 받는다. 더러운 웅덩이에도 별이 빛나는 것처럼 힘들지만 별을 보며 걷는 이들에게 작은 버팀목이 되어 줄 가치 있는 책이다.

　　　　　　　　　　　　　　　　　　　　　　　　　　　　　　　　（　　　　　）

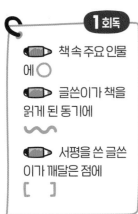

1회독

책속 주요 인물에 ○

글쓴이가 책을 읽게 된 동기에 △

서평을 쓴 글쓴이가 깨달은 점에 [   ]

가 섀클턴의 리더십

아침이 밝아오자 얼음 위에서 밤을 지샌 대원들은 몸이 뻣뻣하게 얼어붙어 제대로 움직일 수가 없었다.

섀클턴은 텐트 안으로 대원들을 모두 불러 모았다.

"지금부터 우리는 여길 벗어난다. 위험한 **행군**°이 될 거야. 하지만 살아나려면 무슨 수를 써서라도 이 얼음판에서 탈출해야 한다."

대원들의 표정은 비참하게 일그러져 있었다.

섀클턴은 다시 말을 이었다.

"무엇보다 몸을 가볍게 해야 한다. 살아남는 데 필요한 최소한의 짐만 남기고 모두 버리도록!"

말을 마친 뒤 섀클턴은 자신의 외투 주머니에서 담배 케이스를 꺼내 들었다. 금으로 만든 담배 케이스는 햇빛을 받아 눈부시게 빛났다. 대원들은 섀클턴이 그 물건을 얼마나 아끼는지 잘 알고 있었다. 아무리 위급한 상황에서도 그 담배 케이스는 꼭 챙겼던 것이다.

"솔직히 말해서 이 담배 케이스는 정말 무거웠어."

섀클턴이 대원들을 향해 씨익 웃으며 아무렇지도 않게 툭 던졌다. 대원들은 깜짝 놀랐다.

사실 그 담배 케이스는 금덩이나 마찬가지였다. 섀클턴은 보석상에 팔면 꽤 큰돈이 될 만한 물건을 아무런 미련 없이 눈 더미에 던져버린 것이었다. 그는 다시 호주머니에서 금화를 꺼내 눈 더미에 던졌다. 대원들은 아무 말 없이 대장의 행동을 지켜보았다. <중략>

남극 대륙 **횡단**° 탐험 내내 섀클턴은 대원들이 서로를 존경하고 도와주기를 바랐다. 그리고 그것은 어마어마한 힘이 되어 대원들을 **지탱해**° 준 것이다.

"대장은 무엇보다도 대원들을 먼저 생각한다. 그는 대원들이 입을 옷이 없으면 자신의 몸에 셔츠 하나라도 걸치지 않을 사람이야."

대원들은 모두 그렇게 생각했고, 그것은 지금 제임스 커드 호에서도 마찬가지였다. 섀클턴은 항해 중에 일어나는 모든 궂은일을 앞장서 처리했고, 때로는 대원들보다 3배나 더 오랫동안 키를 잡기도 했다. 이런 행동은 다른 대원들을 크게 감동시켰고, 대원들 스스로도 대장의 행동을 본받으려 했다.

* **행군**(行 다닐 행, 軍 군사 군) 여러 사람이 줄을 지어 먼 거리를 이동하는 일.
* **횡단**(橫 가로 횡, 斷 끊을 단) 도로나 강 따위를 가로지름.
* **지탱**(支 지탱할 지, 撐 버팀목 탱)**하다** 오래 버티거나 배겨 내다.

▲ 제임스 커드 호 운반 장면

나 섀클턴, 진정한 리더

㉠텔레비전 교양 프로그램에서 '섀클턴'이라는 이름을 처음 들었다. 극한의 상황에서 대원 모두를 기적적으로 구해 낸 전설적 리더라는 말에 관심이 생겨서 『남극의 마지막 영웅, 섀클턴』을 읽게 되었다. 『남극의 마지막 영웅, 섀클턴』은 실제 사건을 쓴 책이다. 이 책은 남극 대륙의 횡단을 꿈꾸며 남극으로 향했던 탐험가 섀클턴과 인듀어런스 호의 선원들이 **표류하고**˚ **귀환하기**˚까지의 과정과 그 과정에서 발휘되는 섀클턴의 리더십을 보여 준다.

섀클턴은 남극을 정복하기 위해 대원들을 모집해 남극으로 향했다. 하지만 ㉮배가 **부빙**˚ 사이에 갇혀 얼음 바다를 표류하게 되자 목표를 수정한다. 남극 정복이 아니라 인듀어런스 호에 탄 28명을 모두 살려서 돌아가는 것이 그의 새로운 목표가 된다. 얼음판에서 탈출하기 위해 최소한의 짐만 가지고 이동할 수 있는 상황에서 섀클턴은 가장 먼저 자신이 아끼는 금으로 된 담배 케이스를 버렸다. 그 모습을 본 대원들도 하나둘 자신의 짐을 버리기 시작한다. 리더의 **솔선수범**˚이 얼마나 중요한지 보여 주는 대목이다. 극한 상황에서 권위를 내세우지 않고 선원들에게 희망과 용기를 북돋아 주며 솔선수범한 섀클턴 덕분에 섀클턴과 27명의 선원은 무사히 탈출할 수 있었다.

㉡이 책을 통해 극한의 상황에서 리더의 역할과 공동체 정신이 얼마나 중요한지 깨달았다. 리더십을 발휘해야 하거나 리더십은 강한 힘이라고 잘못 알고 있는 친구들이 이 책을 꼭 읽어 보면 좋겠다.

- **표류**(漂 떠다닐 표, 流 흐를 류)**하다** 어떤 목적이나 방향을 잃고 헤매다.
- **귀환**(歸 돌아올 귀, 還 돌아올 환)**하다** 다른 곳으로 떠나 있던 사람이 본래 있던 곳으로 돌아오거나 돌아가다.
- **부빙**(浮 뜰 부, 氷 얼음 빙) 물 위에 떠다니는 얼음덩이.
- **솔선수범**(率 거느릴 솔, 先 먼저 선, 垂 드리울 수, 範 범 범) 남보다 앞장서서 행동해서 몸소 다른 사람의 본보기가 됨.

 **구조읽기** 빈칸에 알맞은 낱말을 써넣으며 내용을 정리해 보세요.

정답 및 해설 **22쪽**

동기 및 평가	• 텔레비전 프로그램을 통해 ❶ ㅅ ㅋ ㅌ 을 알게 되어 책을 읽게 됨. • 섀클턴과 선원들이 표류하고 귀환하기까지의 과정에서 섀클턴의 리더십을 볼 수 있음.
책 내용	• 섀클턴이 극한 상황에서 ❷ ㅅ ㅅ ㅅ ㅂ 하고, 배려심 많은 리더의 모습을 보임.
소감 및 추천 이유	• 리더의 역할과 공동체 정신의 중요성을 깨달음. • ❸ ㄹ ㄷ ㅅ 이 필요하거나 리더십을 잘못 알고 있는 친구들이 이 책을 보기를 권함.

2회독 빈칸을 채우지 못했다면 다시 **꼼꼼히** 읽어요!

10. 서평의 특징 **69**

1 다음은 글 **가**와 **나**의 관계를 설명한 내용이에요. 빈칸에 들어갈 알맞은 말을 차례대로 쓰세요.

> 글 **나**는 글 **가**를 읽고 쓴 ❶[　　] 으로 책에 대한 정보, 책 내용과 가치에 대한 ❷[　　] 등이 담겨 있다.

2 글 **가**의 내용으로 알맞은 것은 무엇인가요? (　　　)

① 배가 표류한 다음 섀클턴이 구조대를 기다렸다.
② 섀클턴은 대원들과 세계 최초로 남극 탐험을 떠났다.
③ 섀클턴이 담배 케이스에 담긴 추억을 대원들에게 말했다.
④ 섀클턴은 최고의 리더가 되기 위해 남극을 탐험하기로 했다.
⑤ 대원들은 궂은일을 앞장서서 하는 섀클턴을 본받으려고 했다.

3 ⓐ의 상황에 처한 섀클턴과 대원들에게 해 줄 말로 알맞은 것은 무엇인가요?

(　　　)

① 등잔 밑이 어둡다.
② 소 잃고 외양간 고친다.
③ 고래 싸움에 새우 등 터진다.
④ 쏘아 놓은 살이요 엎질러진 물이다.
⑤ 하늘이 무너져도 솟아날 구멍이 있다.

4 ㉠과 ㉡은 서평에 들어가는 내용 중 무엇에 해당하는지 **보기**에서 찾아 쓰세요.

> ┤ **보기** ├
> • 책 내용이나 줄거리　　• 책의 가치 평가
> • 책을 읽은 동기　　　　• 책을 추천하는 이유
> • 책을 읽은 소감　　　　• 작가 소개

㉠	㉡

5 글 **가** 를 통해 알 수 있는 섀클턴의 리더십은 다음 4가지 유형 중 무엇에 해당하는지 쓰세요.

지시형	민주형	솔선형	육성형
구체적으로 지시하고 지시 사항을 즉각 시행하기를 요구함.	구성원을 의사결정 과정에 참여시켜 합의를 이룸.	스스로 모범 사례가 되어 구성원들을 이끌어 감.	구성원이 강점과 약점을 스스로 파악할 수 있도록 돕고 역량을 키워 줌.

(   )

6 글 **가** 와 **나** 를 읽은 친구들의 반응으로 알맞은 것은 무엇인가요?

(   )

① 초아: 남극의 모습을 생생하게 느낄 수 있어서 신기했어.

② 철현: 이 책을 읽으면 누구나 강한 리더십을 가질 수 있겠구나.

③ 재형: 섀클턴이 리더십을 발휘해 위기의 순간을 잘 벗어났구나.

④ 윤재: 배가 표류됐을 때 섀클턴이 얼마나 절망했는지가 느껴졌어.

⑤ 세승: 탐험할 때는 극한 상황에 처하더라도 처음 목표대로 실행해야겠구나.

> 글 **가** 를 읽고, 그 글의 내용과 특징을 소개하거나 가치를 평가해 보아요. 서평은 독후감과 달리 주관적 감상보다 객관적 정보나 평가가 더 잘 드러나도록 써야 해요!

7 『남극의 마지막 영웅, 섀클턴』의 일부분인 글 **가** 를 읽고, 서평을 써 보세요.

_____

_____

_____

3⁺ 주차 에서 우리는

11 시의 시상 전개

시인은 자기의 생각이나 감정을 일정한 질서에 따라 조직해서 시를 써요. 시간의 흐름에 따라 시상을 전개할 수도 있고, 공간의 이동에 따라 전개할 수도 있지요. 시상이 어떻게 전개되는지 살펴보면 시인의 생각이나 감정의 흐름을 이해하기 쉬워요.

➜ **시상** 시에 담긴 시인의 생각이나 느낌

➜ **시상 전개** 시에서 시상을 전개해 나가는 방식. 시상은 여러 방법으로 전개할 수 있는데, 대표적으로 '시간의 흐름에 따라 쓰는 것'과 '공간의 이동에 따라 쓰는 것'이 있음.
  - **시간의 흐름**: '아침 → 점심 → 저녁', '봄 → 여름 → 가을 → 겨울', '과거 → 현재 → 미래' 등
  - **공간의 이동**: '집 → 학교 → 놀이터' 등

1~3 다음 시의 밑줄 친 부분에 나타난 시상 전개 방법으로 알맞은 것을 **보기**에서 골라 쓰세요.

┤ 보기 ├

시간의 흐름   공간의 이동

1
> **내**를 건너서 **숲**으로
> **고개**를 넘어서 **마을**로

(   )

2
> **어저께**도 홍시 하나
> **오늘**에도 홍시 하나
>
> 까마귀야, 까마귀야
> 우리 나무에 왜 앉았나

(   )

3
> 송이송이 눈꽃 송이
> 하얀 꽃송이
> **하늘**에서 피어 오는
> 하얀 꽃송이
>
> **나무**에나 **뜰** 위에나
> **동구 밖**에나
> 골고루 나부끼니 보기도 좋네.

(   )

정지용 시집
글 정지용

가 바다

1회독

- 🖊 중심 글감에
- ○
- 🖊 시상 전개가
  드러나는 부분에
- 〰
- 🖊 인상 깊은 표현
  에 [   ]

오 오 오 오 오 오 소리치며 달려가니
오 오 오 오 오 오 연달아서 몰아온다

간밤⁎에 잠 살포시
머언 **뇌성**⁎이 울더니,

㉠오늘 아침 바다는
포도빛으로 부풀어졌다

- **간밤** 바로 어젯밤. 지난밤.
- **뇌성**(雷 우레 뇌, 聲 소리 성)
  천둥이 칠 때 나는 소리.

철썩, 처얼썩, 철썩, 처얼썩, 철썩
㉡제비 날아들 듯 물결 사이사이로 춤을 추어

구조읽기

정답 및 해설 (24쪽)

빈칸에 알맞은 낱말을 써넣으며 내용을 정리해 보세요.

| 1연 | 파도가 소리치며 달려가고 연달아 몰려오는 바다 |

⬇

| 2연 | 간밤의 ❶ ㄴ ㅅ 을 견딘 바다 |

⬇

| 3연 | 오늘 아침 포도빛으로 부푼 아름다운 ❷ ㅂ ㄷ |

⬇

| 4연 | 파도가 춤추는 바다 |

2회독 빈칸을 채우지 못했다면 다시 꼼꼼히 읽어요!

나 길 떠나는 제비

방정환 시집
글 방정환

조그만 머리에는

까만 운동모

날씬한 몸에는

새까만 양복

ⓒ 새빨간 목도리를

둘러 감고서

팔팔 날며 재주 넘는

어여쁜 제비.

연못 물에 찰찰찰

날개를 씻고,

전선줄˙에 다랑다랑

모여 앉아서

고개를 요리조리

갸웃거리며

먼-강남 갈 **공론**˙

지지배배배

맘씨 착한 주인께

인사도 하고,

처마 끝에 진흙 집

헐지 말라고,

산 넘고 바다 건너

멀고 먼 강남

가 있다가 **명년**˙ 봄에

다시 오리다.

- **전선**(電 번개 전, 線 선 선)줄 전류가 흐르는 선.
- **공론**(公 공변될 공, 論 논의할 론) 여럿이 의논함. 또는 그런 의논.
- **명년**(明 밝을 명, 年 해 년) 올 해의 다음.

정답 및 해설 24쪽

빈칸에 알맞은 낱말을 써넣으며 내용을 정리해 보세요.

1연 길 떠날 채비를 하는 ❸ ㅈ ㅂ

2연 연못물에 날개 씻고 전선줄에 모여서 먼 ❹ ㄱ ㄴ 갈 것을 의논하는 제비들

3연 맘씨 착한 ❺ ㅈ ㅇ 에게 인사하고 명년 봄에 다시 올 것을 약속하는 제비

 **2 회독** 빈칸을 채우지 못했다면 다시 꼼꼼히 읽어요!

1 시 **가**와 **나**의 중심 글감으로 알맞은 것을 **보기**에서 찾아 쓰세요.

┤ **보기** ├

봄	파도	바다	제비	강남	뇌성

시 **가**	시 **나**

2 **보기**를 읽고, ㉠~㉢ 중 비유적 표현이 쓰이지 <u>않은</u> 것을 찾아 기호를 쓰세요.

┤ **보기** ├

　비유적 표현은 어떤 현상이나 사물을 비슷한 사물이나 대상에 빗대어 표현한 것이에요. 비유적 표현에는 '직유법', '은유법', '의인법' 등이 있어요.
· 직유법: '같이, 처럼, 듯'과 같은 말을 사용해 시인이 표현하고 싶은 대상과 빗대어 표현한 대상을 직접 연결하는 비유법
· 은유법: '…는 …이다'의 형태로 표현하고 싶은 대상과 빗대어 표현한 대상을 은근히 짝짓는 비유법
· 의인법: '새들이 노래를 한다'와 같이 사람이 아닌 것을 사람처럼 빗대어 표현하는 비유법

(　　　　　　)

3 시 **가**에서 다음과 같은 시간의 흐름을 알 수 있는 표현을 찾아 쓰세요.

밤	아침

4 시 **나**에 드러난 공간의 이동을 알맞게 표현한 것은 무엇인가요? (　　　)

① 강남 → 처마　　　　　　② 강남 → 연못 물
③ 처마 → 전선줄　　　　　④ 진흙 집 → 전선줄
⑤ 연못 물 → 전선줄

5 시 **가**를 알맞게 감상하지 <u>못한</u> 친구 이름에 ○표 하세요.

'오오오오오'를 이용해 파도가 밀려갔다가 밀려오는 모습을 실감 나게 표현하고 있어.

한율

밤중에 들리던 '뇌성'은 후각적 표현으로 바다를 포도빛으로 만들기 위한 시련을 의미해.

지율

'철썩, 처얼썩'이라는 표현을 사용해 출렁거리는 파도의 모습을 역동적으로 표현하고 있어.

라율

6 시 **나**에 4연을 추가한다면 이어질 내용으로 가장 알맞은 것은 무엇일까요?

(   )

① 떠난 제비가 낳아 놓은 알이 부화하는 내용
② 강남을 못 간 제비들이 진흙 집을 짓는 내용
③ 집주인이 제비가 살던 진흙 집을 부수는 내용
④ 제비들이 산 넘고 바다 건너 강남으로 가는 내용
⑤ 제비들이 처마에서 내려와 연못 물에 날개를 씻는 내용

> 시간의 흐름은 '아침, 점심, 저녁'
> '어제, 오늘, 내일', '과거, 현재, 미래',
> '봄, 여름, 가을, 겨울'로 나타낼 수 있어요!

7 빈칸에 알맞은 내용을 넣어 시간의 흐름이 나타나도록 시를 완성해 보세요.

손가락에 침 발러
쏘옥, 쏙, 쏙,
장에 가는 엄마 내다보려
문풍지를
쏘옥, 쏙, 쏙,

아침에 햇빛이 반짝

손가락에 침 발러
쏘옥, 쏙, 쏙,
장에 가신 엄마 돌아오나
문풍지를
쏘옥, 쏙, 쏙,

- 윤동주, 「햇빛·바람」

12 열거 짜임으로 요약하기

'직업에 따라 다른 옷 색깔'을 설명할 때 그 주제와 관련된 것을 대등하게 죽 늘어놓아요. 이렇게 주제와 관련된 것을 열거하면 주제와 각 항목의 관계를 명확히 알 수 있고, 각 항목의 특징도 잘 파악할 수 있답니다.

✦**열거 짜임** 설명하려는 대상의 예나 특징을 죽 늘어놓는 것

✦**열거 짜임으로 요약하는 방법**

• 각 문단에서 글쓴이의 생각이 담긴 중심 문장을 찾음.
• 중요하지 않은 내용은 삭제하고 자세하게 적힌 내용은 핵심적이고 대표적인 말로 바꾸어 중심 내용을 정리함.
• 설명 대상과 설명 대상의 예나 특징을 적을 수 있는 열거 틀로 내용을 정리함.

1~2 **다음 글을 열거의 짜임으로 요약할 때, 빈칸에 들어갈 내용을 차례대로 쓰세요.**

전기는 우리의 생활에서 매우 중요한 역할을 한다. 전기는 집안의 조명을 밝히는 데 사용된다. 전기가 없다면 우리는 어둠 속에서 생활할 것이다. 그리고 냉장고, 세탁기 등 다양한 가전제품을 작동시킨다. 전기 덕분에 사람들은 편리한 생활을 누릴 수 있다. 전기는 공장에서 기계를 돌리고, 전철과 같은 교통수단을 움직이게 한다. 이처럼 전기는 우리의 일상생활과 산업에 없어서는 안 될 필수적인 에너지이다.

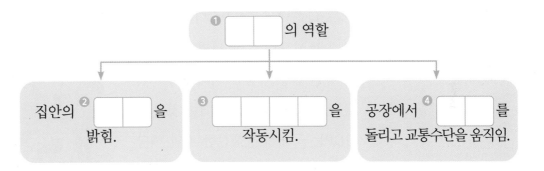

기술이 발전하고 사회가 변화하면서 사라진 직업들이 있다. 사라진 직업에는 어떤 것들이 있는지 알아보자. 타자기로 문서를 만들어 주는 '타자수'라는 직업이 사라졌다. 개인 컴퓨터가 보급되고 문서를 만들기가 쉬워졌기 때문이다. 거는 전화와 받는 전화 사이를 연결하는 일을 하던 '전화 교환원'이라는 직업도 사라졌다. 통신 기술이 발달하여 전화를 연결해 줄 필요가 없어졌기 때문이다. 무성 영화 시절에 영화 장면을 말로 설명해 주던 '변사'라는 직업도 사라졌다. 영화 기술이 발전하여 무성 영화에서 유성 영화로 바뀌었기 때문이다.

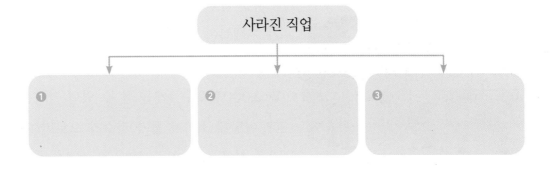

현재와 미래를 보는 경제 지표

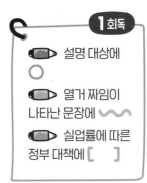

1회독

● 설명 대상에 ○

● 열거 짜임이 나타난 문장에 ～

● 실업률에 따른 정부 대책에 [ ]

미래를 **예측하는** 일은 어렵다. 특히 경제의 미래를 예측하는 일은 더욱 그렇다. 경제는 한 국가의 정부와 기업 등의 영향은 물론 자연재해, 전염병, 세계 곳곳에서 일어나는 전쟁 등의 영향까지 받으며 변화하기 때문이다. 그러면 미래의 경제 흐름은 예측할 수 없을까? 그렇지는 않다. 기상청이 과거의 기상 정보와 기후 변화를 분석하여 날씨를 예측하듯 국가와 기업에서는 다양한 경제 **지표**를 분석하여 현재의 경제 상황을 진단하고 미래를 예측한다. 주요 경제 지표들을 알아보자.

첫 번째 지표는 한 국가의 경제 규모를 나타내는 GDP이다. GDP는 국내 총생산으로 한 나라 안에서 1년 동안 만든 상품과 서비스의 가치를 돈으로 따져서 전부 더한 것이다. GDP는 국내에서 생산한 것만 해당된다. 미국에 있는 한국 자동차 회사의 매출은 한국의 GDP에 포함되지 않는다. 미국인을 고용해 생산하

내가 국내에서 찍은 광고로 번 돈은 한국 GDP에 포함돼.

하지만 내가 외국에서 축구를 해서 버는 돈은 한국의 GDP에 포함이 안 돼.

고 미국인에게 월급을 주고, 미국에 세금을 내기 때문이다. 반면 한국 공장에서 만드는 미국 운동화 회사의 매출은 한국 GDP에 포함된다. 운동선수가 벌어들이는 돈도 마찬가지다. 우리나라 선수가 영국 축구 팀에서 활약해서 벌어들인 돈은 GDP에 포함되지 않는다. 그러나 그 선수가 국내에서 광고 촬영으로 번 돈은 GDP에 포함된다. GDP가 높을수록 국내에서 일을 많이 했다고 볼 수 있다. 그리고 GDP가 지난해에 비해 올라가면 경제가 성장했다고 하고, GDP가 줄어들면 경제 활동의 **침체**나 위기의 신호로 본다.

두 번째 지표는 물건값의 변동을 알 수 있는 소비자 물가 지수이다. 물가는 사고파는 물건이나 서비스의 가격이고, 소비자 물가 지수는 소비자가 구매하는 상품과 서비스의 가격이 얼마나 달라졌는지를 보여 주는 지표이다. 만약 500원이던 과자의 가격이 1,000원으로 오르면 2,000원으로 4개를 살 수 있던 과자를 2개밖에 살 수 없게 된다. 이렇게 소비자 물가 지수가 오르면 더 많은 돈을 내야 기존과 같은 상품을 사거나 서비스를 이용할 수 있다. 반면에 소비자 물

● **예측**(豫 미리 예, 測 잴 측)**하다** 미리 헤아려 짐작하다.

● **지표**(指 가리킬 지, 標 표 표) 방향이나 목적, 기준 따위를 나타내는 표지.

● **침체**(沈 잠길 침, 滯 막힐 체) 어떤 현상이나 사물이 진전하지 못하고 제자리에 머무름.

가 지수가 내려가면 부담이 적어 물건을 더 많이 살 수 있다. 이렇게 소비자 물가 지수는 일상생활에 직접 영향을 주는 중요한 경제 지표이다. 그래서 정부는 소비자 물가 지수가 너무 오르거나 내리지 않도록 조정한다.

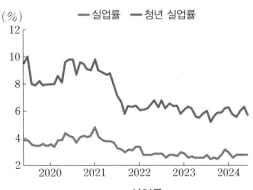

▲ 실업률

마지막 지표는 경제 활동을 할 수 있는 국민 중에서 일자리가 없는 사람들의 비율을 나타낸 실업률이다. 실업률이 높다는 것은 시장에 충분한 일자리가 제공되지 못한다는 의미이다. 일자리가 없어서 일을 하지 못하면 돈을 벌 수가 없다. 그러면 필요한 물건 구입이나 서비스 이용을 줄일 수밖에 없다. 물건을 사는 사람이 줄어들면 물건을 판매하는 사람들의 수입도 줄어든다. 이런 상황이 반복되면 경제 상황은 점점 활기를 잃고 부정적인 영향을 받는다. 그래서 정부는 실업률이 높아지면 새로운 일자리를 만들고, 사회 구성원들이 어려움에 빠지지 않도록 사회 안전망을 강화한다.

경제 지표를 통해 현재 경제 상태를 알 수 있고, 미래를 예측할 수도 있다. 예를 들어 GDP가 계속 올라가고, 소비자 물가 지수도 안정적이며, 실업률이 낮으면 우리나라 경제가 잘 성장하고 있다고 볼 수 있다. 반대로, 지표들이 좋지 않은 방향으로 가고 있다면 경제가 어려울 것을 대비해 정부나 기업이 미리 대책을 세울 수 있다. 경제 지표를 잘 이해하고 분석하는 것은 우리나라 경제를 더 발전시키고, 미래를 더 밝게 만드는 중요한 열쇠이다.

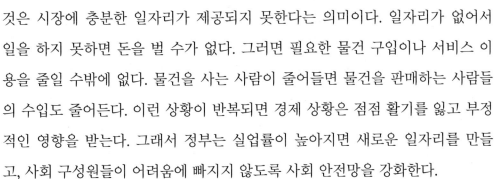

구조 읽기 빈칸에 알맞은 낱말을 써넣으며 내용을 정리해 보세요.

정답 및 해설 26쪽

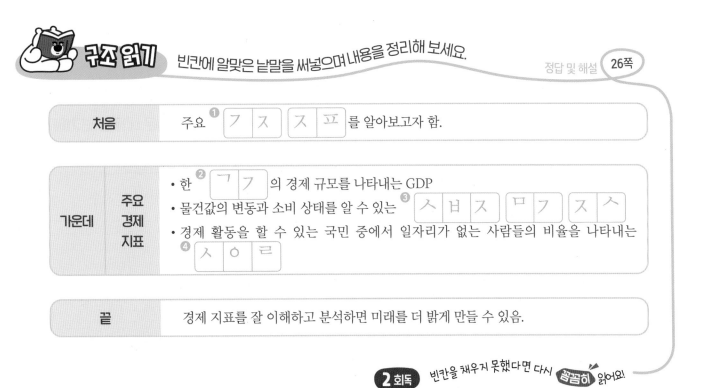

처음	주요 ❶ ㄱ ㅈ ㅈ ㅍ 를 알아보고자 함.

가운데	주요 경제 지표	• 한 ❷ ㄱ ㄱ 의 경제 규모를 나타내는 GDP • 물건값의 변동과 소비 상태를 알 수 있는 ❸ ㅅ ㅂ ㅈ ㅁ ㄱ ㅈ ㅅ • 경제 활동을 할 수 있는 국민 중에서 일자리가 없는 사람들의 비율을 나타내는 ❹ ㅅ ㅇ ㄹ

끝	경제 지표를 잘 이해하고 분석하면 미래를 더 밝게 만들 수 있음.

2 회독 빈칸을 채우지 못했다면 다시 꼼꼼히 읽어요!

1 빈칸에 알맞은 말을 넣어 이 글의 중심 내용을 정리하세요.

현재의 [ ][ ][ ][ ]를 분석하면 미래의 변화를 예측할 수 있다.

2 이 글의 내용과 일치하지 <u>않는</u> 것은 무엇인가요? ( )

① GDP를 보면 그 국가의 경제 규모를 알 수 있다.
② 물가 지수를 보면 우리나라 경제 성장률을 알 수 있다.
③ 일자리를 찾지 못한 사람들의 비율은 실업률을 통해 알 수 있다.
④ GDP가 지난해에 비해 올라가면 경제 활동이 활발했다고 볼 수 있다.
⑤ 소비자 물가 지수는 소비자가 구매하는 상품 가격의 변동을 보여 준다.

3 이 글에 사용된 설명 방법으로 알맞은 것에 ○표 하세요.

(1) 경제 지표의 예를 나열해 설명했다. ( )
(2) 경제 지표가 생겨난 순서대로 설명했다. ( )
(3) 두 가지 경제 지표의 공통점과 차이점을 찾아 설명했다. ( )
(4) 경제 지표를 일정한 기준에 따라 같은 것끼리 묶어서 설명했다.

( )

4 이 글의 내용을 다음 틀에 정리할 때, 빈칸에 들어갈 알맞은 내용을 **보기**에서 찾아 쓰세요.

┤ **보기** ├
실업률   GDP   주요 경제 지표   소비자 물가 지수

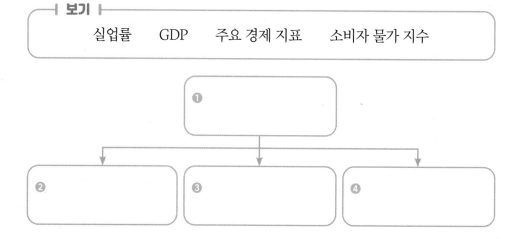

5 이 글의 내용을 참고하여 다음 기사를 바르게 이해하지 <u>못한</u> 친구의 이름에 ○표 하세요.

> 최근 정부는 지방 자치 단체와 협력하여 공공 일자리의 수를 늘리기로 하였다. 그리고 재취업을 원하는 사람들이 무료로 직업 교육을 받을 수 있도록 지원하는 정책을 발표했다.

일자리를 늘리면 수입이 늘어나고 소비자 물가 지수가 오르겠구나.

미주

정부가 공공 일자리의 수를 늘리는 걸 보니 일자리가 충분히 제공되지 못했던 것 같아.

지혜

경제 상황이 점점 활기를 잃어서 부정적인 영향을 받지 않도록 정부가 미리 대책을 세우는구나.

강우

열거는 설명하려는 대상의 예나 특징을 나열하는 것이에요.

6 다음 내용을 읽고 열거의 짜임으로 요약하여 써 보세요.

> 환경 오염이 심해지면서 자연에서 얻을 수 있는 재생 에너지에 대한 관심이 커지고 있다. 우리가 가장 잘 아는 재생 에너지인 태양 에너지는 태양을 이용해 전기를 만드는 방법이다. 태양광 패널이라는 장치를 통해 햇빛을 받아 전기를 만든다. 그리고 풍력 에너지는 바람을 이용해 전기를 만드는 방법이다. 커다란 풍력 터빈이 바람을 받아서 회전하고, 그 회전 에너지를 전기로 바꾼다. 수력 에너지는 흐르는 물이나 떨어지는 물의 힘을 이용해 전기를 만드는 방법이다. 댐을 만들어 물을 가둔 후, 물이 흘러내려 갈 때 전기를 만든다.

재생 에너지의 종류	

13 토론이 필요한 경우

살다 보면 여러 가지 문제가 발생하고, 그 문제에 대한 사람들의 생각이 엇갈릴 때가 있어요. 그럴 때 토론이 필요해요. 토론을 하면 서로의 의견을 들어볼 수 있고, 또 의견이 다른 상대방을 설득할 수도 있답니다.

↳ **토론** 서로 의견이 다른 어떤 문제에 대해 찬성하는 측과 반대하는 측이 각각 자신들의 의견을 말하며 논의하는 것

↳ **토론이 필요한 경우** '경제 교육을 위해 가정에서 아이들에게 홈 아르바이트를 시켜야 한다'는 의견이 나왔을 때, '마을에서 홀로 지내는 어르신들에게 로봇 친구를 제공하자'는 의견이 나왔을 때 등 일상생활에서 찬성과 반대로 의견이 나뉘는 문제에 대해 토론할 수 있음.

확인 문제를 풀어 보며 개념을 익혀요.

1~4 **토론이 필요한 상황으로 알맞은 것에 ○표, 알맞지 않은 것에 ×표 하세요.**

1 도서관 이용 방법을 안내할 때 ( )

2 동물원 설치에 대한 의견이 나뉠 때 ( )

3 체육 행사에서 무엇을 할 것인지 정할 때 ( )

4 교내에서 스마트폰 사용 시간을 제한하려고 할 때 ( )

5~8 **토론의 주제로 알맞은 것에 ○표, 알맞지 않은 것에 ×표 하세요.**

5 학교 안에 있는 탄산음료 자판기를 없애야 한다. ( )

6 친구 사이에 갈등이 생겼을 때는 어떻게 해결하면 될까요? ( )

7 환경 보호를 위해 학교에서 플라스틱 제품 사용을 금지해야 한다. ( )

8 온돌은 방바닥을 데워 집 안을 따뜻하게 덥히는 우리 고유의 난방법이다. ( )

생성형 AI로 숙제를 해도 될까?

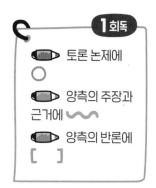

1회독

토론 논제에
○
양측의 주장과
근거에 ～
양측의 반론에
[ ]

사회자: 최근 학습한 데이터로 새로운 글, 그림, 음악 등을 만들어 내는 생성형 인공 지능 기술인 챗지피티(Chat GPT)를 활용해 숙제하는 학생들이 많아져 찬반 논란이 있습니다. 그래서 '생성형 AI로 숙제를 해도 된다.'라는 주제로 토론을 하려고 합니다. 먼저 찬성 측 주장을 펼쳐 주십시오.

주장 펼치기(입론)

찬성 측: 저는 '생성형 AI로 숙제를 해도 된다.'에 찬성합니다. 생성형 AI로 숙제를 하면 창의력과 질문력이 키워집니다. 반복적이고 시간이 많이 드는 일을 생성형 AI가 대신해 주면 학생들은 창의적 사고가 필요한 작업에 집중할 수 있습니다. 그리고 원하는 답을 얻기 위해 계속 질문하는 과정에서 정보화 시대에 가장 중요한 능력인 질문력을 키울 수 있습니다.

사회자: 이번에는 반대 측 근거를 들어 주장을 펼쳐 주십시오.

반대 측: 저는 '생성형 AI로 숙제를 해도 된다.'에 반대합니다. 생성형 AI로 숙제를 하면 학습 능력이 떨어집니다. 사고력과 문제 해결력, 창의력은 스스로 필요한 자료를 찾고 답을 구하는 과정에서 기를 수 있습니다. 그런데 생성형 AI로 숙제를 하면 AI가 즉각 답을 주고 결과물을 만들어 주어 이런 역량을 키울 기회가 사라집니다.

반론하기

사회자: 이번에는 반대 측에서 반론해 주십시오.

반대 측: 찬성 측 의견 잘 들었습니다. 찬성 측의 주장처럼 생성형 AI로 숙제를 하면 정보를 탐색하여 문제를 해결하는 능력을 기를 수 있을 것입니다. 하지만 AI가 많은 것을 대신해 주어 학습 과정에서 깊이 생각하고 문제를 해결하는 능력은 기르기 어렵습니다. 게다가 생성형 AI에 대한 의존도가 높아져 자발적으로 학습하는 능력도 **저하될** 것입니다.

사회자: 다음으로 찬성 측에서 반론해 주십시오.

찬성 측: 저도 반대 측 의견 잘 들었습니다. 반대 측에서는 생성형 AI로 숙제하면 학습 능력이 떨어진다고 하였습니다. 그런데 학생들이 생성형 AI와 협업하면 단순 작업을 AI가 대신해 주어 오히려 고차원적인 사고를 하는 창의력이 향상됩니다.

사회자: 찬성 측과 반대 측 모두 자기편의 주장을 정리해 주십시오.

● **저하**(低 낮을 저, 下 아래 하)**되다** 정도, 수준, 능률 따위가 떨어져 낮아지다.

🐾 주장 다지기

찬성 측: 반대 측에서 생성형 AI에 의존하면 학습 능력이 저하될 것이라고 반론하였지만, 생성형 AI를 잘 활용하면 큰 학습 효과를 얻을 수 있습니다. 새로운 기술을 금지하기보다 쓸모 있는 학습 도구로 사용하는 방법을 가르치면 지식을 확장하고 학습 효율을 높이는 좋은 기술이 될 거라고 생각합니다.

반대 측: 찬성 측에서 생성형 AI를 단순 작업에 활용하면 학생들의 창의력이 향상된다고 반론하였지만, 생성형 AI로 숙제를 하면 AI에 대한 의존도가 높아져 창의력을 키울 기회 자체가 사라질 것입니다. 그러므로 생성형 AI로 숙제를 해서는 안 된다고 생각합니다.

사회자: 찬성 측과 반대 측 모두 토론 주제에 대해 깊이 고민하고 규칙을 지켜 토론을 잘해 주었습니다. 이상으로 토론을 마치겠습니다.

구조 읽기 빈칸에 알맞은 낱말을 써넣으며 내용을 정리해 보세요.

정답 및 해설 28쪽

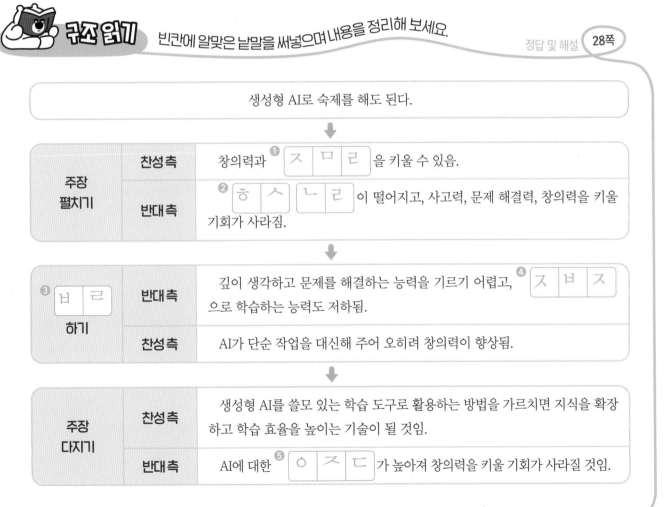

생성형 AI로 숙제를 해도 된다.

주장 펼치기	찬성 측	창의력과 ❶ ㅈ ㅁ ㄹ 을 키울 수 있음.
	반대 측	❷ ㅎ ㅅ ㄴ ㄹ 이 떨어지고, 사고력, 문제 해결력, 창의력을 키울 기회가 사라짐.

❸ ㅂ ㄹ 하기	반대 측	깊이 생각하고 문제를 해결하는 능력을 기르기 어렵고, ❹ ㅈ ㅂ ㅈ 으로 학습하는 능력도 저하됨.
	찬성 측	AI가 단순 작업을 대신해 주어 오히려 창의력이 향상됨.

주장 다지기	찬성 측	생성형 AI를 쓸모 있는 학습 도구로 활용하는 방법을 가르치면 지식을 확장하고 학습 효율을 높이는 기술이 될 것임.
	반대 측	AI에 대한 ❺ ㅇ ㅈ ㄷ 가 높아져 창의력을 키울 기회가 사라질 것임.

2회독 빈칸을 채우지 못했다면 다시 꼼꼼히 읽어요!

1 토론을 하게 된 문제 상황으로 알맞은 것은 무엇인가요? (   )

① 숙제를 하지 않는 학생이 늘어남.

② 생성형 AI 기술의 위험성이 높아짐.

③ 생성형 AI 기술이 발전하지 못하고 있음.

④ 생성형 AI로 숙제를 하는 학생이 많아지고 있음.

⑤ 학교에서 수업할 때 생성형 AI를 활용하고 있음.

2 토론 주제에 대한 찬성과 반대 측의 근거를 찾아 선으로 이으세요.

(1) 찬성 측 •   • ① 학습 능력이 떨어진다.

(2) 반대 측 •   • ② 창의력과 질문력 향상에 도움이 된다.

3 토론의 주제가 갖추어야 할 조건으로 알맞은 것을 **보기**에서 찾아 번호를 쓰세요.

┤ 보기 ├

① 여러 사람이 다양한 의견을 제시할 수 있어야 한다.

② 문제에 대한 찬성과 반대의 의견이 대립되어야 한다.

③ 문제에 대한 사실적이고 과학적인 실험이 이루어져야 한다.

(   )

4 이 토론에 대한 설명으로 알맞지 <u>않은</u> 것은 무엇인가요? (   )

① 근거가 구체적이고 타당성이 있다.

② 상대편의 주장을 요약해 반론한다.

③ 주장을 다질 때 자기편 주장을 요약해 말한다.

④ 토론에 참여하는 사람들이 근거를 들어 주장을 제시한다.

⑤ 사회자가 찬성과 반대 중 자신의 의견이 무엇인지 밝힌다.

5 찬성 측에서 제시할 수 있는 자료로 알맞은 것은 무엇인가요? (   )

① 생성형 AI 기술로 일자리가 줄었다는 기사

② 생성형 AI로 실제와 똑같은 가짜 영상을 만들 수 있다는 기사

③ 생성형 AI가 기사를 쓰면서 허위 정보가 늘고 있다는 통계 자료

④ 생성형 AI가 학습에 필요한 정보를 사람보다 빠르게 찾는다는 통계 자료

⑤ 생성형 AI가 자율적 생산을 통해 만든 창작물에 대한 저작권법을 만든다
   는 기사

6 생성형 AI 사용에 대한 규칙으로 알맞지 <u>않은</u> 것을 말한 친구의 이름을 쓰세요.

> 선생님: 생성형 AI를 사용할 때 지켜야 할 규칙을 만들어 보아요.
>
> 강현: 네, 사람이 그린 그림을 생성형 AI가 함부로 모방하지 않게 해야 해요.
>
> 민영: 생성형 AI의 도움을 받아 결과물을 만들면 결과물에 표시를 해야 한다
>   고 생각해요.
>
> 지수: 생성형 AI를 편리하게 쓰기 위해서는 다른 사람의 개인정보를 활용하
>   는 것도 필요해요.

(   )

> 토론을 어떤 경우에 하는지,
> 토론을 통해 얻을 수 있는 것은
> 무엇인지 생각해 보아요.

7 주변에서 토론이 필요한 경우를 한 가지만 찾아 써 보세요.

_____

_____

_____

14 작품 속 인물의 갈등

인간의 삶에 갈등이 일어나듯이 이야기 속 인물들에게도 갈등이 일어나요. 인물이 누구와 갈등을 겪는지, 왜 갈등을 겪는지 살펴보며 이야기를 읽으면 인물의 성격과 이야기의 주제를 더 잘 이해할 수 있어요.

✦ **갈등** 개인이나 단체가 생각·행동·신념 등이 서로 달라서 부딪치는 것. 갈등은 원인에 따라 인물의 내적 갈등과 외적 갈등으로 나눔.

- **내적 갈등**: 인물의 마음속에서 일어나는 갈등
- **외적 갈등**: 인물과 그 인물을 둘러싼 대상(사회, 자연환경, 운명 등)과의 사이에서 일어나는 갈등

개념 확인

확인 문제를 풀어 보며 개념을 익혀요.

1~2 다음 설명에 알맞은 갈등 유형을 찾아 선으로 이으세요.

1 인물의 마음속에서 일어나는 갈등 · · ① 외적 갈등

2 인물과 그 인물을 둘러싼 대상과의 사이에서 일어나는 갈등 · · ② 내적 갈등

3~6 인물의 갈등 원인을 파악해 알맞은 갈등 유형에 ○표 하세요.

3 경수는 그동안 모은 용돈으로 게임기를 살 것인지 저금을 할 것인지 고민한다.

내적 갈등 | 외적 갈등

4 대대로 국악을 해 온 집안에서 태어난 호준이는 대를 이어 국악인이 되어야 한다고 말씀하시는 아버지와 갈등을 빚고 있다.

내적 갈등 | 외적 갈등

5 서자인 홍길동은 조선 시대의 엄격한 신분 제도 때문에 아버지를 아버지라 부르지 못하고, 재주가 있어도 벼슬을 할 수 없다.

내적 갈등 | 외적 갈등

6 친구에게 빌린 다이아몬드 목걸이를 잃어버린 마틸드는 친구에게 잃어버렸다고 솔직하게 고백할지, 새로운 목걸이를 사서 가져다줄지 고민한다.

내적 갈등 | 외적 갈등

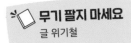

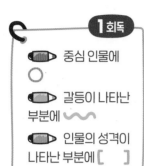

1회독

중심 인물에 ○

갈등이 나타난 부분에 〰

인물의 성격이 나타난 부분에 [   ]

작은 총알 하나

무기 팔지 마세요
글 위기철

보미가 교실에 들어섰을 때 콩알보다도 더 작은 하얀 플라스틱 조각이 날아와 이마를 때렸다. 가시에 찔렸을 때처럼 따끔했다. 보미가 얼굴을 찌푸리고 교실 안을 둘러보니 경민이가 킥킥 웃고 있었다. 보미는 당장 경민이 쪽으로 다가갔다.

"너 나한테 총 쐈지?"

경민이는 무슨 소리냐는 듯이 **시치미**를 뚝 떼고 되물었다.

"총? 무슨 총?"

보미는 책상 밑에 감추고 있던 경민이 손을 왈칵 낚아챘다. 경민이는 깜짝 놀라 보미의 손길을 피하려 했으나 그 바람에 손에 들고 있던 것을 바닥에 떨어뜨리고 말았다. 그것은 장난감 권총이었다.

"이래도 시치미 뗄래?"

경민이는 권총을 냉큼 집어 들어 가방에 넣었다.

"미안해. 너를 **겨누고** 쏜 거 아니야."

보미는 어이가 없었다.

"나를 겨누고 쏜 게 아니면 총알을 맞아도 된다는 거냐? 만일 내 눈에 맞았으면 어쩔 뻔했니?"

"야, 미안하다고 했잖아. 진만이한테 쏜 건데 빗나간 거라고."

보미는 진만이를 쳐다보았다. 진만이는 장난기를 가득 담은 얼굴로 보미에게 경민이를 더 혼내 주라는 손짓을 해 보이고 있었다. 그렇다면 진만이도 총을 가지고 있을 게 뻔했다. 보미네 반 남자아이들 사이에서는 장난감 총을 가지고 노는 게 유행이었다. 장난감이지만 진짜 총하고 똑같이 생겼고, '비비탄'이라고 하는 플라스틱 총알까지 쏠 수 있었다.

"너 그 총 이리 내!"

보미가 손을 내밀었으나 경민이는 여전히 장난기 어린 얼굴로 빙글빙글 웃고 있었다.

"야, 봐주라. 다시는 안 그럴게."

"어서 안 내놔?"

보미는 빽 소리를 질렀다. 그제야 경민이는 얼굴에 웃음기를 거두었다.

"네가 뭔데 내 총을 내놔라 마라 하는 거냐?"

"좋아. 그럼 네가 학교에 총을 가지고 왔다고 선생님한테 말씀드릴 거야."

● **시치미** 자기가 하고도 아니한 체하거나 알고도 모르는 체하는 태도.

● **겨누다** 활이나 총 따위를 쏠 때 목표물을 향해 방향과 거리를 잡다.

그 말에 경민이는 얼굴을 찌푸렸다. 보미가 이르면 선생님한테 총을 뺏길 게 뻔했기 때문이었다. 그러나 경민이는 고집을 꺾지 않았다.

㉠"맘대로 해. 하지만 그랬다가는 나도 가만있지 않을걸."

경민이는 보미를 노려보며 **으름장**˙을 놓았다.

보미는 경민이의 말이 무섭지는 않았지만, 총을 내놓으라고 한 것은 조금 심했다 싶은 생각도 들었다. 그저 경민이의 태도에 약이 올라 한 말일 뿐이었다. 총을 빼앗아 두었다가 충분히 시간이 지난 뒤에 돌려줄 생각이었다. 하지만 '선생님한테 이르면 가만두지 않겠다'는 경민이의 으름장을 듣고 보니, 선생님한테 꼭 일러바쳐 벌을 받게 하고 싶다는 생각이 들었다.

그러나 경민이가 선생님한테 총을 빼앗긴 것은 보미의 고자질 때문이 아니었다. 교실 바닥에 떨어져 있던 콩알만 한 비비탄 때문이었다.

선생님은 교실에 들어오자마자 바닥에 떨어져 있는 하얀 플라스틱 조각들을 발견했다. 선생님은 그것을 하나 주워 들고 한참 동안이나 요리조리 살펴보았다. 그러는 동안 학교에 총을 가져온 아이들은 간이 콩알만 해졌을 것이다. 선생님은 주운 물건을 아주 조심스럽게 교탁 위에 올려놓았다. <중략>

곧이어 남자아이들이 걱정하고 있던 사태가 일어났다. 선생님이 마치 조직 폭력배 소굴을 덮친 형사 반장과 같은 목소리로 이렇게 명령했던 것이다.

"이 평화롭고 신성한 교실에 침입한 '무장 괴한'들은 책상 위에 무기를 놓고 즉각 항복하길 바란다!"

˙ **으름장** 말과 행동으로 위협하는 짓.

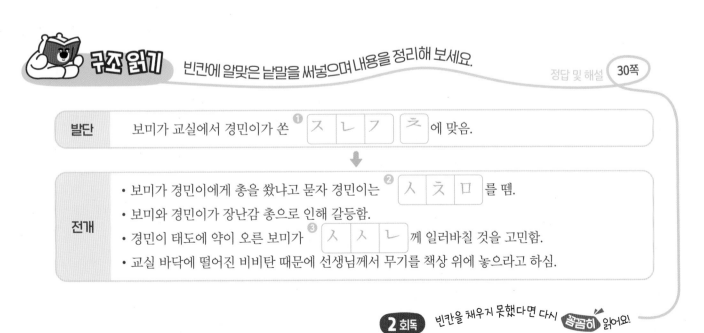

정답 및 해설 30쪽

구조 읽기 빈칸에 알맞은 낱말을 써넣으며 내용을 정리해 보세요.

| 발단 | 보미가 교실에서 경민이가 쏜 ❶ [ㅈ][ㄴ][ㄱ][ㅊ] 에 맞음. |

↓

| 전개 | • 보미가 경민이에게 총을 쐈냐고 묻자 경민이는 ❷ [ㅅ][ㅊ][ㅁ] 를 뗌.
• 보미와 경민이가 장난감 총으로 인해 갈등함.
• 경민이 태도에 약이 오른 보미가 ❸ [ㅅ][ㅅ][ㄴ] 께 일러바칠 것을 고민함.
• 교실 바닥에 떨어진 비비탄 때문에 선생님께서 무기를 책상 위에 놓으라고 하심. |

2 회독 빈칸을 채우지 못했다면 다시 꼼꼼히 읽어요!

1 이 이야기에서 보미에게 일어난 일은 무엇인가요?   (   )

① 장난감 총알에 맞았다.   ② 가시에 찔려 피가 났다.

③ 친구들의 놀림을 받았다.   ④ 선생님께 야단을 맞았다.

⑤ 경민이, 진만이와 싸웠다.

2 이 이야기에서 알 수 있는 보미와 경민이의 성격을 선으로 이으세요.

(1) 보미 •   • ① 뻔뻔하고 고집이 셈.

(2) 경민 •   • ② 당당하고 거침없음.

3 이 이야기의 인물들이 어떤 이유로 갈등을 빚고 있는지 생각하고, 빈칸에 공통으로 들어갈 말을 쓰세요.

보미   □ 을 내놓아라!   □ 을 못 준다!   경민

4 이 이야기에 나타난 갈등 유형을 **보기**에서 찾아 번호를 쓰세요.

┤ 보기 ├
① 경민이의 내적 갈등
② 보미와 경민이의 외적 갈등
③ 보미와 선생님의 외적 갈등
④ 경민이와 진만이의 외적 갈등
⑤ 보미와 총알을 잃어버린 아이와의 외적 갈등

(   )

5 ㉠처럼 말한 경민이에게 알맞게 조언해 준 친구의 이름을 쓰세요.

> • 로라: 기분 나쁜 말이라도 인격 수양에 도움이 될 수 있으니까 새겨들어.
> • 보라: 친구 간의 우정을 저버리고 친구를 배신하는 건 진정한 친구가 아니야.
> • 소라: 아무 잘못도 없는 사람한테 으름장 놓지 말고 진심으로 사과를 해야지.

(   )

6 이 글에 드러난 경민이의 성격으로 보아, 뒤에 이어질 이야기로 가장 알맞은 것에 ○표 하세요.

(1) 선생님을 화나게 한 죄책감 때문에 다시는 총을 사지 않을 것이다.

(   )

(2) 총을 가져온 사실을 선생님께 사실대로 말하고 용서를 구할 것이다.

(   )

(3) 선생님이 무서워 선생님께 총을 빼앗긴 사실을 아무에게도 말하지 못할 것이다.

(   )

(4) 보미 때문에 총을 빼앗겼다고 생각하고 보미에게 좋지 않은 감정을 가질 것이다.

(   )

> 이야기에는 인물의 갈등 원인과 해결 과정이 나와요. 보미와 경민이의 성격을 고려하여 갈등이 어떻게 해결될지 써 보아요!

7 이 이야기에서 보미와 경민이의 갈등이 어떻게 해결될지 자유롭게 써 보세요.

_____

_____

_____

_____

15 문제 상황과 문제 해결

우리 사회에는 다양한 문제 상황이 나타나고, 그 문제 상황을 해결하기 위한 제안이나 의견을 쓴 글도 있지요. 이런 글은 제시한 방안이 문제 상황을 잘 해결하는지 살펴보며 읽어야 해요.

✦ 문제 상황과 문제 해결 지금보다 나은 방향으로 해결하고 싶은 상황을 '문제 상황'이라고 함. 주장하는 글이나 제안하는 글에는 문제 상황을 해결할 수 있는 글쓴이의 주장이나 제안이 드러나 있음. 주로 '문제와 해결의 짜임'으로 글이 구성됨.

✦ 문제 해결 방법을 찾는 방법

• 글에 드러난 문제 상황을 찾고, 그 문제가 일어난 이유를 파악하기

• 문제 상황을 원만하게 해결할 수 있는 다양한 방법을 찾아보기

• 찾은 방법이 문제 상황을 해결하기에 타당한 방법인지 평가하기

1~4 다음 글을 읽고 문제 상황에는 '상황', 문제 해결에는 '해결'이라고 쓰세요.

1

> 초등학생들의 비만 문제가 심각해지자 학교에서는 신체 활동 시간을 늘리고 있다.

(1) 초등학생들의 비만 문제가 심각하다.   (   )

(2) 학교에서는 신체 활동 시간을 늘리고 있다.   (   )

2

> 쓰레기 무단 투기로 거리가 더러워지고 있어 길거리에 쓰레기통의 수를 늘리기로 했다.

(1) 길거리에 쓰레기통의 수를 늘린다.   (   )

(2) 쓰레기 무단 투기로 거리가 더러워지고 있다.   (   )

3

> 도시에 차가 많아서 공기가 나빠지고 사고가 많이 일어나고 있다. 이에 대중교통 시스템을 개선하고, 자전거 도로를 확충하고 있다.

(1) 대중교통 시스템을 개선하고, 자전거 도로를 확충하고 있다.

(   )

(2) 도시에 차가 많아서 공기가 나빠지고 사고가 많이 일어나고 있다.

(   )

4

> 책을 읽지 않는 학생들이 많아지고 있어서 매주 독서 시간을 배정하고, 도서관에 다양한 책을 구비해 학생들이 읽을 수 있도록 하고 있다.

(1) 책을 읽지 않는 학생들이 많아지고 있다.   (   )

(2) 매주 독서 시간을 배정하고 도서관에 다양한 책을 구비하고 있다.

(   )

새 학기 증후군 극복 방법

1회독

⬤ 중심 글감에
○
⬤ 문제 상황에
〰
⬤ 해결 방안에
[　]

지수는 이제 곧 5학년이 되는데, 학교에 갈 생각만 하면 걱정이 되어 밤에 잠이 오지 않는다. 5학년이 되어 새 학기가 시작되면 반과 교실은 물론 선생님과 친구들도 바뀌기 때문이다. 새 학기를 맞아 변화되는 일들에 설레는 친구들도 있지만, 지수처럼 새로운 환경에 불안을 느끼거나 걱정이 앞서는 친구들도 있다. 이렇게 새 학기가 되어 새로운 환경에 적응하는 과정에서 겪는 육체적·정신적 증상을 '새 학기 **증후군***'이라고 한다. ⬤ ㉠ ⬤

새 학기 증후군은 낯가림이 심하거나 사회성이 부족한 학생에게만 나타날 거라 생각하기 쉽다. 하지만 사실은 충동적인 학생, 친구들의 관심을 받고 싶어 하는 학생들에게도 많이 나타난다. 새 학기 증후군을 겪으면 불안하거나 초조하고, 짜증이 심해지는 등 **심리적***변화가 나타나기도 하고, 머리가 아프거나 감기에 걸리는 등 신체적 증상이 나타나기도 한다. ⬤ ㉡ ⬤ 아래와 같은 간단한 테스트를 통해 새 학기 증후군 여부를 확인해 볼 수 있다.

새 학기 증후군 테스트

□ 학교 이야기를 꺼린다.　　　　　　□ 하교 후 평소보다 피곤해한다.
□ 짜증과 화를 자주 낸다.　　　　　　□ 일어나지 않은 일에 불안해 한다.
□ 아침에 잘 일어나지 못한다.　　　　□ 등교 전 두통이나 복통을 호소한다.
□ 식사량이 눈에 띄게 줄었다.　　　　□ 학교에 가고 싶지 않다고 자주 말한다.

* 8개 중 5개 이상 해당되면, 새 학기 증후군을 의심해 보아야 합니다.

그렇다면 이러한 새 학기 증후군은 왜 나타날까? ⬤ ㉢ ⬤ 새 학기 증후군의 원인은 여러 가지이다. 새롭게 바뀐 환경에 적응해야 한다는 부담감, 친하게 지낸 친구들과 헤어져 새로운 친구를 사귀어야 하는 어려움, 학년이 올라가며 늘어난 학업량 등이 원인이 될 수 있다. 저학년의 경우는 부모님과 떨어져야 하는 것 자체가 원인이 되기도 한다. 변화된 환경과 대인 관계가 스트레스를 **유발하는***것이다.

새 학기 증후군을 해결하기 위해서는 특히 부모의 관심과 도움이 필요하다. 아이들은 자신의 마음을 표현하는 데 **서툴기***때문이다. 부모는 아이가 새 학기에 복통과 두통, 어지러움을 호소하면 꾀병이라고 무시하지 말고 병원을 방문해 진

● **증후군**(症 증세 증, 候 기후 후, 群 무리 군) 몇 가지 증후가 늘 함께 나타나지만, 그 원인이 명확하지 아니하거나 단일하지 아니한 병적인 증상들을 통틀어 이르는 말.

● **심리적**(心 마음 심, 理 다스릴 리, 的 과녁 적) 마음의 작용과 의식 상태에 관한 것.

● **유발**(誘 꾈 유, 發 필 발)**하다** 어떤 것이 다른 일을 일어나게 하다.

● **서투르다** 일 따위에 익숙하지 못하여 다루기에 설다.

찰을 받게 해야 한다. 그리고 아이가 등교를 거부할 때는 아이의 상황을 잘 관찰하고, 대화를 통해 등교 거부의 원인을 파악하여 원인에 따라 대처해야 한다.

[㉣] 부모와 떨어지기 싫어하는 것이 문제라면 학교에 가도 부모가 계속 관심을 가지고 있다는 것을 아이에게 알려 주어야 한다. 공부가 부담스러워 등교를 거부한다면 학습에 부담을 가지지 않도록 학습량을 조절해야 한다.

새 학기 증후군을 겪는 학생들은 부모님이나 친구들에게 도움을 요청해야 한다.

[㉤] 또한 새 학기가 새로운 경험을 할 수 있는 기회라는 긍정적인 마음을 가져야 한다. 계획을 세워 학교생활에 빠르게 적응할 수 있도록 준비하는 것도 도움이 된다. 학교나 교실에 미리 가 보거나, 학습 교재를 준비해 미리 익히는 것도 좋다. 마음의 준비가 되었다면 충분한 수면과 규칙적인 식사, 운동으로 건강을 챙겨야 한다. 몸이 건강하면 새로운 환경에 적응하는 데 도움이 되기 때문이다.

낯선 환경에 놓이는 것이 긴장될 수 있지만 위기를 기회로 생각하고 긍정적으로 생활하면 즐겁고 씩씩하게 새 학기를 시작할 수 있을 것이다.

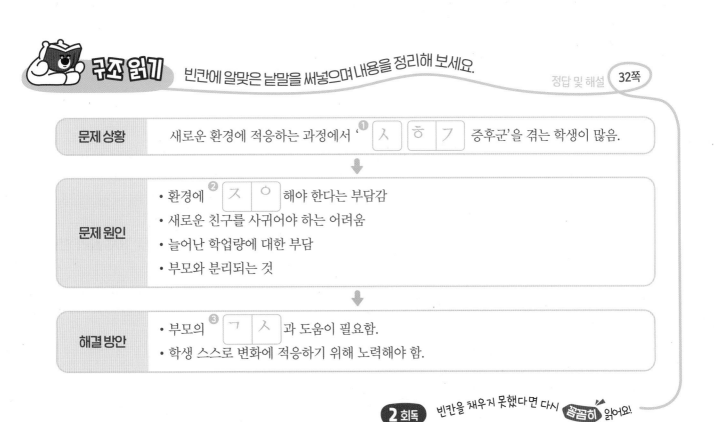

구조 읽기 빈칸에 알맞은 낱말을 써넣으며 내용을 정리해 보세요.

정답 및 해설 32쪽

| 문제 상황 | 새로운 환경에 적응하는 과정에서 '❶ [ㅅ][ㅎ][ㄱ] 증후군'을 겪는 학생이 많음. |

| 문제 원인 | • 환경에 ❷ [ㅈ][ㅇ] 해야 한다는 부담감
• 새로운 친구를 사귀어야 하는 어려움
• 늘어난 학업량에 대한 부담
• 부모와 분리되는 것 |

| 해결 방안 | • 부모의 ❸ [ㄱ][ㅅ] 과 도움이 필요함.
• 학생 스스로 변화에 적응하기 위해 노력해야 함. |

2 회독 빈칸을 채우지 못했다면 다시 꼼꼼히 읽어요!

1 새 학기 증후군에 대한 설명으로 알맞지 <u>않은</u> 것은 무엇인가요? (   )

① 낯가림이 심한 학생들에게만 나타나는 증상이다.
② 불안과 초조함을 느끼는 심리적 변화가 나타난다.
③ 새로운 친구를 만나는 것에 어려움을 느껴 나타나기도 한다.
④ 머리가 아프거나 감기에 걸리는 등의 신체 증상을 겪을 수 있다.
⑤ 새 학기가 되어 새로운 환경에 적응하는 과정에서 겪는 증상이다.

2 이 글의 짜임으로 알맞은 것을 **보기**에서 찾아 번호를 쓰세요.

보기
① 새 학기 증후군의 문제 상황과 해결 방안을 제시하고 있다.
② 새 학기 증후군과 유사한 증후군을 비교하여 설명하고 있다.
③ 새 학기 증후군이 발생하는 과정을 단계적으로 설명하고 있다.
④ 새 학기 증후군에 대한 전문가의 의견을 인용하여 제시하고 있다.

(   )

3 이 글에 드러난 문제 상황의 원인으로 보기 <u>어려운</u> 것은 무엇인가요?

(   )

① 학업에 대한 부담이 커서
② 규칙적인 생활을 하지 못해서
③ 부모와 떨어지는 것이 힘들어서
④ 낯선 환경에 적응하는 것이 어려워서
⑤ 새로운 친구를 사귀는 것이 부담스러워서

4 이 글에 드러난 문제 상황을 해결하는 방법으로 알맞은 것을 두 가지 골라 번호를
쓰세요. (,   )

(1) 학습 분량을 조절한다.
(2) 새 학기가 시작되기 전에 학교에 가 본다.
(3) 작년에 같은 반이었던 친구들하고만 다닌다.
(4) 부모는 아이 스스로 해결할 수 있도록 무관심한 태도를 보인다.

5 ㉠~㉤ 중 다음 글이 들어가기에 알맞은 곳은 어디인가요? (   )

> 내성적인 아이라면 친구를 초대해 여럿이 함께 놀게 하는 등의 방법으로 친구와 만날 수 있는 기회를 만들어 주는 것이 좋다. 공격적인 아이라면 친구에 대한 관심을 표현하는 법을 알려 주고, 다른 사람의 입장을 이해하는 공감 능력을 기를 수 있도록 해 주어야 한다.

① ㉠ 뒤   ② ㉡ 앞   ③ ㉢ 앞   ④ ㉣ 뒤   ⑤ ㉤ 뒤

6 새 학기 증후군으로 등교를 거부하는 친구에게 도움이 되는 말을 알맞게 한 친구의 이름을 쓰세요.

학교는 가고 싶을 때만 가면 돼.

난희

새 학기가 되기 전에 학습할 내용을 예습해 보자.

두나

나는 새로운 친구들을 만나는 것이 설레어 잠이 오지 않았어.

윤빈

(   )

> 문제의 해결 방법은 타당하고 적용이 가능한 것이어야 해요! 이 점을 기억해 자신만의 방법을 써 보아요.

7 새 학기 증후군을 해결할 수 있는 나만의 방법을 떠올려 써 보세요.

_____

_____

_____

4⁺주차에서 우리는

16 풍자와 해학

신문에서 사회 현상이나 사람들의 삶을 비꼬거나 우스꽝스럽게 표현한 만화를 본 적이 있을 거예요. 그와 같이 사회 현실이나 인물을 직접적으로 비판하지 않고, 유머 등을 활용해 돌려서 표현하는 것이 풍자와 해학이에요. 풍자와 해학이 담긴 글은 누가, 무엇을, 왜 비판하는지 잘 살펴보며 읽어야 해요.

✦풍자와 해학 풍자와 해학은 둘 다 대상이나 현실의 부정적인 상황이나 잘못된 모습 등을 있는 그대로 드러내지 않고 과장하거나 비꼬아서 우스꽝스럽게 표현해 웃음을 유발함. 그러나 풍자가 대상을 비판적으로 표현하는 것과 달리, 해학은 딱하고 어려운 상황이나 대상에 대해 동정하는 마음이 들게 표현함.

1~2 **다음 괄호 안에 들어갈 말로 알맞은 것에 ○표 하세요.**

1 풍자와 해학은 대상이나 현실의 부정적인 상황이나 잘못된 모습 등을 과장하거나 비꼬아서 우스꽝스럽게 표현해 (웃음, 슬픔)을 유발한다.

2 풍자는 대상을 (비판적, 긍정적)으로 표현하고, 해학은 딱하고 어려운 상황이나 대상을 (동정, 비난)하는 마음이 들게 한다.

3 **다음 글을 읽고, ㉠~㉣ 중 해학이 드러난 부분을 찾아 기호를 쓰세요.**

> ㉠"이놈, 내 눈앞에 다시는 나타나지 마라."
> ㉡놀부는 흥부에게 소리친 뒤 벼락같이 문을 닫고 방으로 들어간다.
> 흥부는 형수나 보고 가려고 부엌으로 간다. 부엌 근처로 가니 밥 냄새가 솔솔 난다. 여러 날 굶은 흥부는 창자가 뒤틀리는 듯 하여 형수에게 애걸한다.
> ㉢"아이고, 형수님, 밥 한 술만 주오. 이 몸 좀 살려 주오."
> "남녀가 유별한데 어디를 들어와."
> 독하기가 놀부보다 더한 놀부 마누라가 밥 푸는 주걱으로 흥부의 뺨을 때리니 흥부의 두 눈에 불이 반짝 한다. 정신을 차리고 뺨을 살며시 만져 보니 볼때기에 밥알이 붙어 있어 그것을 입에 넣으며 말한다.
> ㉣"형수님은 뺨을 쳐도 먹여 가며 치시니 감사한 마음을 어찌 다 전하겠소. 형수님 수고스럽겠지만 이 뺨도 마져 쳐 주시오. 밥 좀 많이 붙은 주걱으로. 그 밥 가져다가 아이들 구경이나 시키겠소."
> 놀부 마누라는 주걱을 놓고 부지깽이로 흥부를 흠씬 때린다. 흥부는 아프다는 말도 못하고 통곡하며 돌아간다.

( )

토끼전

토끼전
글 김영미

옛날 옛적 용왕들이 다스리는 물속 나라가 동서남북에 하나씩 있었다. 그 가운데 남해 용왕이 산호와 진주, 수정과 조개 등으로 화려한 새 용궁을 짓고 큰 잔치를 열었다. 남해 용왕의 초대에 세 용왕은 신하들을 모두 이끌고 참석하였고, 남해 용궁이 들썩거릴 만큼 모두 흥겹게 놀았다. 밤낮으로 계속된 잔치는 무려 사흘 만에야 끝났다. 남해 용왕은 잔치를 치르고 나서 덜컥 병에 걸렸다. 남해 바다에 용하다는 의원을 모두 부르고, 온갖 약을 썼지만 용왕의 병은 쉬이 낫지 않았다.

용왕이 자신의 병을 고칠 의원 하나가 없다고 **한탄**˚을 늘어놓는데 마침 흰 수염을 길게 기른 **도사**˚가 나타나 "모든 일은 알맞은 때에 멈춰야 하거늘, 지나치게 먹고 마시고 놀다가 얻은 병이라 약을 찾기가 더욱 어려운 것이오."라고 용왕을 크게 꾸짖었다. 도사의 말에 용왕이 살 **방도**˚를 알려 달라 매달리며 눈물을 뚝뚝 흘렸다. 용왕의 부탁에 한참 **뜸을 들이던**˚ 도사가 "약은 **뭍**˚에 사는 토끼 간이오, 토끼 간은 신통해서 어떤 병이든 고칠 수 있다오." 하였다.

이에 용왕은 곧바로 모든 신하들을 용궁 안으로 모이게 했는데 ⓒ물고기 신하들이 하나도 빠짐없이 모여 궁궐 앞에 가득 엎드리니 비린내가 진동을 하였다. 용왕은 자기 몸에서 더 고약한 비린내가 나는데 자신이 불러 모은 신하들 탓만 했다. 용왕은 어전 회의를 열어 신하들에게 토끼 간을 구할 방법을 물었다. 금세라도 약을 구해 올 것처럼 호들갑을 떨 때와는 달리 신하들은 뭍에 나가야 하는 위험한 일 앞에서 슬금슬금 꽁무니를 뺐다. 신하들이 눈치를 보며 머뭇거리자 용왕은 몹시 화가 났다.

신하들이 의논하여 문어를 뭍으로 보내려고 할 때 갑자기 별주부라 불리는 자라가 나와 문어 장군이 뭍으로 나가면 곧 잔칫상에 올라갈 것이라며 반대하였다. 이에 용왕이 별주부의 말을 듣고 그의 재치와 말솜씨를 칭찬하며 뭍으로 가 토끼를 잡아 오면 그 공을 잊지 않겠노라 말한다. 높은 벼슬자리가 탐난 자라가 뭍으로 나가 토끼를 꼭 잡아오겠노라고 말하고 용왕에게 인사를 올린다.

자라가 용왕 앞에 머리를 조아리며 오지 않겠다는 토끼를 꾀어 데려왔다고 이르자, 용왕이 매우 기뻐하며 별주부에게 높은 벼슬을 내렸다. 자라가 돌아오기만을 목이 빠지게 기다리던 토

- **한탄**(恨 한할 한, 歎 탄식할 탄) 원통하거나 뉘우치는 일이 있을 때 한숨을 쉬며 탄식함.
- **도사**(道 길 도, 士 선비 사) 도를 갈고닦는 사람.
- **방도**(方 모 방, 道 길 도) 어떤 일을 하거나 문제를 풀어 가기 위한 방법과 도리.
- **뜸을 들이다** 일이나 말을 할 때에, 쉬거나 여유를 갖기 위해 서둘지 않고 한동안 가만히 있는 경우를 비유적으로 이르는 말.
- **뭍** 지구의 표면에서 바다를 뺀 나머지 부분.

끼는 **군졸**˙들이 우르르 달려들어 자신을 꽁꽁 묶자 까무러치게 놀랐다. 꽁꽁 묶인 채 끌려간 토끼는 어느새 용왕 앞에 무릎을 꿇고 있었다. 토끼가 가까스로 정신을 차리고 보니 높은 자리에 황금 왕관을 쓰고, 비단옷을 걸친 용왕과 용왕 옆에 앉아 토끼를 못 본 척하는 자라가 있었다.

용왕이 토끼에게 "네 간이 내 병에 약이 된다 하여 데려왔으니 죽음을 슬퍼하지 말라."고 이르자 토끼는 그제야 일이 잘못된 것을 알았다. 기가 막혀 한숨을 쉰 토끼는 쓸데없는 욕심을 부리다가 자라 꼬임에 빠져 죽게 된 자신이 한심했으나 (㉠   ) (라)고, 재빨리 머리를 굴리기 시작했다.

"용왕님, 저는 달에 사는 **정기**˙를 받고, 옥 같은 이슬을 받아 마셨습니다. 그래서 제 간은 못 고치는 병이 없습니다. 이 때문에 세상 사람들이 모두 제 간을 탐내지요. 그래서 간을 빼 맑은 샘물에 씻어 깊은 골짜기에 숨겨 두고 다닙니다."

토끼는 말을 마치고 자라를 보며 자신에게 용왕의 병의 위중함을 알리지 않았다며 **호통**˙을 쳤다. 토끼의 **허무맹랑한**˙ 말에 ㉡<u>용왕이 "토끼야, 얕은꾀로 살기를 바라지 말라. 내가 네 간을 먹고 병이 나으면 너에게 큰 벼슬을 내리고, 제사를 치러 주마." 하고 이른다. 토끼는 다시 정신이 아득해졌지만 태연한 척 웃음을 지으며 간이 없음을 간곡히 이른다.</u> 이에 용왕은 토끼의 말을 한번 믿어 보기로 하고 자라에게 토끼를 뭍으로 데리고 가 간을 가져오라고 이른다.

- **군졸**(軍 군사 군, 卒 마칠 졸) 예전에, 군인이나 군대를 이르던 말.

- **정기**(精 찧을 정, 氣 기운 기) 천지 만물을 생성하는 원천이 되는 기운.

- **호통** 몹시 화가 나서 크게 소리 지르거나 꾸짖음. 또는 그 소리.

- **허무맹랑**(虛 빌 허, 無 없을 무, 孟 맏 맹, 浪 물결 랑)**하다** 터무니없이 거짓되고 실속이 없다.

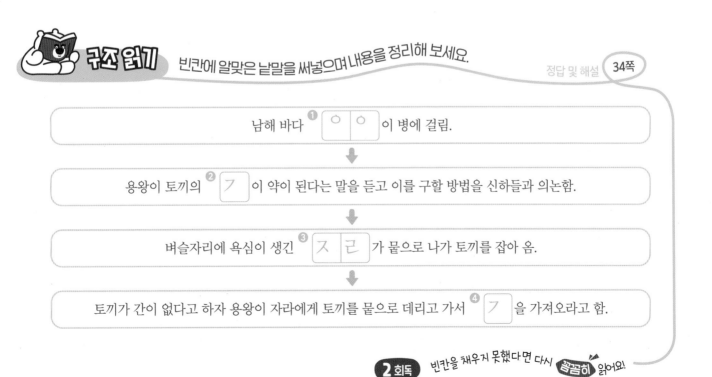

구조 읽기 빈칸에 알맞은 낱말을 써넣으며 내용을 정리해 보세요.

정답 및 해설 **34쪽**

남해 바다 ❶[○][○]이 병에 걸림.

↓

용왕이 토끼의 ❷[ㄱ]이 약이 된다는 말을 듣고 이를 구할 방법을 신하들과 의논함.

↓

벼슬자리에 욕심이 생긴 ❸[ㅈ][ㄹ]가 뭍으로 나가 토끼를 잡아 옴.

↓

토끼가 간이 없다고 하자 용왕이 자라에게 토끼를 뭍으로 데리고 가서 ❹[ㄱ]을 가져오라고 함.

2회독 빈칸을 채우지 못했다면 다시 **꼼꼼히** 읽어요!

1 이 이야기의 중심 사건을 파악하여 빈칸에 알맞은 말을 쓰세요.

> 병에 걸린 ❶□□ 이 토끼의 간이 약이 된다는 얘기를 듣고 토끼를 잡아 올 신하를 찾는다. 이에 ❷□□ 가 뭍으로 가 토끼를 속여 용궁으로 데려오고, 잡혀 온 ❸□□ 는 살아남기 위해 방법을 생각해 낸다.

2 이 이야기의 등장인물의 성격을 찾아 선으로 이으세요.

(1) 용왕 •   • ① 이기적이고 권위적임.

(2) 자라 •   • ② 꾀가 많고 말주변이 좋음.

(3) 토끼 •   • ③ 충성심이 강하고 권력욕이 있음.

3 ㉠을 통해 풍자하는 대상은 누구인가요? (   )

① 임금에게 무조건적으로 충성하는 신하
② 자신이 맡은 일에 최선을 다하지 않는 백성들
③ 임금에게 듣기 좋은 말만 하는 무능력한 신하들
④ 자기 잘못은 뉘우치지 않고 신하들 탓만 하는 지배층
⑤ 다수의 이익을 위해 소수를 희생시키는 이기적인 지배층

4 ㉡에 대한 설명으로 알맞은 것은 무엇인가요? (   )

① 토끼의 욕심을 비유적으로 표현하여 드러내고 있다.
② 육지와 다른 용궁의 모습을 과장되게 드러내고 있다.
③ 토끼의 어리석음을 재미있는 표현으로 드러내고 있다.
④ 용왕를 위하는 토끼의 진심을 강조하여 드러내고 있다.
⑤ 목숨을 가벼이 여기는 용왕의 태도를 우스꽝스럽게 드러내고 있다.

5 ㉠에 들어갈 속담으로 알맞은 것은 무엇인가요? (   )

① 우물 안 개구리

② 닭 잡아먹고 오리발 내민다

③ 고래 싸움에 새우 등 터진다

④ 낮말은 새가 듣고 밤말은 쥐가 듣는다

⑤ 호랑이에게 물려 가도 정신만 차리면 산다

6 이 이야기를 알맞게 해석하지 <u>못한</u> 친구의 이름을 쓰세요.

> • 수민: 동물을 의인화하여 인간 사회를 풍자하는 작품이야.
> • 지민: 토끼는 욕심에 눈이 멀어 위기에 처했다가 지혜를 발휘해 살아나는 백성을 상징해.
> • 석민: 토끼의 거짓말에 속아 넘어간 어리석은 용왕의 모습을 통해 지배층을 비판하고 있어.
> • 정희: 충성스럽고 지혜로운 자라는 우리가 믿고 존경할 만한 지배층의 모습을 보여 주고 있어.

(   )

「토끼전」은 해석의 중심이 되는 등장인물에 따라 작품의 주제가 달라져요.

7 「토끼전」에서 풍자를 통해 말하고자 하는 것은 무엇인지 써 보세요.

과정 짜임으로 요약하기

'화석이 만들어지는 과정', '동물의 한살이' 등을 설명할 때 '과정' 짜임을 사용해요. 과정 짜임으로 설명하면 어떤 순서로 일이 진행되는지, 어떻게 모습이 달라지는지 쉽게 알 수 있답니다.

+ 과정 짜임 어떤 일이 진행되는 순서나 모습 또는 시간이나 공간이 바뀌는 모습을 순서대로 설명하는 글의 짜임

　　예 한지를 만드는 과정, 퇴적암이 만들어지는 과정, 유관순의 일대기 등

+ 과정 짜임으로 요약하는 방법 무엇이 되어 가는 모습이나 무언가를 만드는 모습이 차례대로 드러날 수 있도록 과정 틀로 내용을 정리함.

1~2 다음 글을 과정의 짜임으로 요약할 때, 빈칸에 들어갈 내용을 차례대로 쓰세요.

1

　　한지를 만들기 위해서는 '닥나무'가 필요하다. 먼저 닥나무의 속껍질을 모은 다음 큰 솥에 넣고 물과 함께 끓인다. 이 과정에서 닥나무의 껍질이 부드러워진다. 그런 다음, 껍질을 깨끗한 물로 여러 번 씻는다. 잘 씻은 껍질을 나무 방망이로 두드리면 껍질이 가늘고 부드러운 섬유로 변한다. 이 섬유를 쌀로 만든 풀과 섞는다. 그리고 체를 이용해 얇게 떠서 나무판에 붙여 햇빛이나 그늘에서 말린다. 다 마른 섬유를 조심스럽게 떼어 내고, 고르게 다듬으면 한지가 완성된다.

한지를 만드는 과정

1		**2**		**3**
닥나무의 속껍질을 물과 함께 끓임.	➡	❶	➡	껍질을 나무 방망이로 두드림.

4		**5**		**6**
❷	➡	체를 이용해 얇게 떠서 나무판에 붙여 말림.	➡	마른 섬유를 떼어 내 고르게 다듬음.

2

　　추운 겨울이 지나고 따뜻한 봄이 오면, 다람쥐가 겨울잠에서 깨어난다. 다람쥐는 겨울잠을 자는 동안 먹지 못한 먹이를 찾고, 새끼 다람쥐를 낳아 돌본다. 여름에는 먹이가 풍부해서 다람쥐가 활동하기에 좋다. 다람쥐는 여름부터 겨울을 대비해 먹이를 저장하기 시작한다. 가을이 오면 본격적으로 나무에서 떨어지는 도토리, 밤, 호두 등을 모아 저장하고 겨울잠을 잘 수 있는 안전한 둥지를 마련한다. 겨울이 되면 다람쥐는 겨울잠을 자며 에너지를 절약한다.

다람쥐의 생활

봄		**여름**		**가을**		**겨울**
겨울잠에서 깨어나 먹이를 찾고 새끼를 낳음.	➡	활발하게 활동하며 먹이를 저장함.	➡	❶	➡	❷

웹툰을 그려요

1회독

⬤ 설명 대상에
◯
⬤ 과정을 알 수
있는 부분에 〜〜
⬤ 웹툰의 특징에
[ ]

인터넷을 통해 즐길 수 있는 디지털 만화를 가리키는 웹툰은 '웹(Web)'과 '카툰(Cartoon)'을 합쳐 만든 말입니다. 과거에는 종이 만화책을 사거나 빌려서 읽었지만, 요즘에는 스마트폰이나 컴퓨터로 만화를 쉽게 볼 수 있습니다. 언제 어디서나 접할 수 있고, 참신한 소재가 늘어나면서 웹툰의 인기는 날로 높아지고 있습니다. 그러면 이런 웹툰은 어떤 과정을 거쳐 만들어지는 것일까요?

웹툰을 만드는 과정은 여러 단계로 나뉩니다. 첫 번째 기획 단계에서는 웹툰으로 그릴 이야기를 **구상**˚합니다. 이때 주제, 배경, 등장인물 등을 설정하고 전체적인 틀을 잡습니다. 그 다음에 웹툰의 각 회별 주요 사건과 전체적인 흐름을 잡으며 대략적인 이야기를 구성합니다. [㉠]

▲ 기획 단계

두 번째 단계는 등장인물 구상과 스토리보드 만들기입니다. 먼저 이야기에 나오는 인물들의 외모와 성격을 구상합니다. 인물마다 특징을 **부여하여**˚ 보는 사람들이 쉽게 구분할 수 있도록 합니다. 그다음에 이야기의 흐름에 따라 큰 틀의 장면을 스케치하는 스토리보드를 만듭니다. 스토리보드에 대략적인 장면을 배치하고, 시간과 공간을 연결합니다. [㉡]

▲ 스토리보드 만들기

세 번째 단계는 스케치입니다. 스토리보드를 참고해 실제 크기의 그림을 그리는 과정으로 세밀한 장면을 구성하고, 인물의 위치나 표정, 카메라 각도를 결정합니다. 이 단계에서 웹툰의 시각적인 요소들을 구체화합니다. [㉢]

▲ 스케치

네 번째 단계는 그리기입니다. 이때 스케치를 바탕으로 그림을 자세히 그려 나가며 인물과 배경의 세밀한 요소를 정확하게 묘사하는 작업이 이루어집니다. 색칠 과정에서는 그려진 장면에 색을 입힙니다. 색상은 웹툰의 분위기를 결정하는

▲ 그리기 단계

- **구상**(構 얽을 구, 想 생각 상) 예술 작품을 창작할 때, 작품의 골자가 될 내용이나 표현 형식 따위에 대하여 생각을 정리함.
- **부여**(附 붙을 부, 與 더불 여)**하다** 사람에게 권리·명예·임무 따위를 지니도록 해 주거나, 사물이나 일에 가치, 의의 따위를 붙여 주다.

중요한 요소 중 하나입니다. 밝고 화려한 색상과 어두운 색상 중 어떤 색상을 사용하는지에 따라 이야기의 분위기가 달라집니다. 그리기 단계의 마지막은 글자 입력입니다. 그림에 대사와 설명을 추가하고 글자의 크기, 색상, **폰트**를 장면에 맞게 조정합니다. ㄹ

마지막으로 전체 흐름을 검토하고 수정하는 편집 작업을 합니다. 이 단계에서는 장면 간의 **전환**과 글자의 **가독성**을 확인합니다. 웹툰은 장면과 장면의 연결이 중요하므로 편집 과정에서 영화처럼 다양하게 연출합니다. 같은 장면을 반복하여 주제를 강조하거나 확대하여 장면을 재미있게 표현할 수 있습니다. ㅁ

이렇게 여러 과정을 거쳐 만들어지는 웹툰은 디지털 플랫폼의 발달과 함께 전 세계적으로 더욱 큰 인기를 끌고 있습니다. 웹툰은 영화, 드라마, 게임 등 다른 미디어와의 연계가 활발해지면서 독자들에게 풍부한 경험을 제공하고, 콘텐츠 산업에서 중요한 위치를 차지하게 되었습니다.

집중선을 넣어서 강조해 주자.

▲ 편집

- **폰트**(font) 컴퓨터의 언어에서 크기와 서체가 같은 한 벌. 대문자·소문자·구두점·숫자 따위가 있음.

- **전환**(轉 구를 전, 換 바꿀 환) 다른 방향이나 상태로 바뀌거나 바꿈.

- **가독성**(可 옳을 가, 讀 읽을 독, 性 성품 성) 인쇄물이 얼마나 쉽게 읽히는가 하는 능률의 정도.

구조 읽기 빈칸에 알맞은 낱말을 써넣으며 내용을 정리해 보세요.

정답 및 해설 36쪽

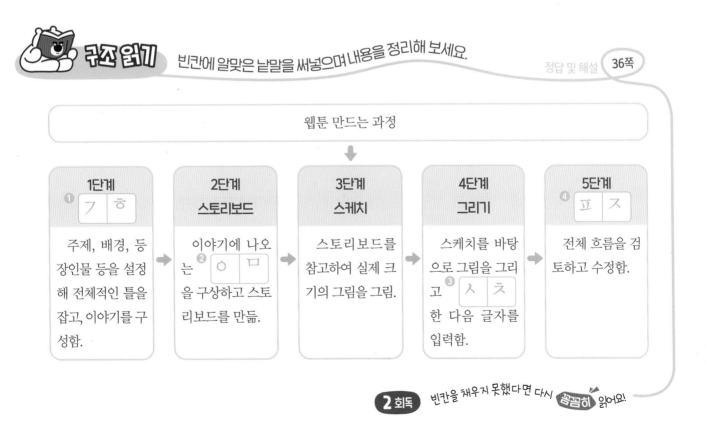

웹툰 만드는 과정

1단계 ❶ ㄱ ㅎ	2단계 스토리보드	3단계 스케치	4단계 그리기	5단계 ❹ ㅍ ㅈ
주제, 배경, 등장인물 등을 설정해 전체적인 틀을 잡고, 이야기를 구성함.	이야기에 나오는 ❷ ㅇ ㅁ 을 구상하고 스토리보드를 만듦.	스토리보드를 참고하여 실제 크기의 그림을 그림.	스케치를 바탕으로 그림을 그리고 ❸ ㅅ ㅊ 한 다음 글자를 입력함.	전체 흐름을 검토하고 수정함.

2회독 빈칸을 채우지 못했다면 다시 **꼼꼼히** 읽어요!

1 이 글에서 알 수 있는 것은 무엇인가요? (   )

① 웹툰의 역사   ② 웹툰을 보는 방법
③ 웹툰을 만드는 과정   ④ 웹툰 작가가 되는 방법
⑤ 웹툰의 갈래를 나누는 기준

2 이 글의 내용과 일치하지 <u>않는</u> 것은 무엇인가요? (   )

① 웹툰은 인기가 점점 줄어든다.
② 웹툰은 디지털 매체를 통해 접할 수 있다.
③ 웹툰은 전 세계적으로 큰 인기를 끌고 있다.
④ 웹툰은 참신한 소재를 바탕으로 쓰인 것도 있다.
⑤ 웹툰은 시간과 장소에 구애를 받지 않고 볼 수 있다.

3 이 글을 과정의 짜임으로 요약하면 좋은 점은 무엇인가요? (   )

① 웹툰의 개념을 정확히 이해할 수 있다.
② 웹툰의 인기가 높아진 이유를 알 수 있다.
③ 웹툰의 종류와 특징을 자세하게 알 수 있다.
④ 웹툰을 그리는 과정을 차례대로 알 수 있다.
⑤ 웹툰과 만화의 공통점과 차이점을 알 수 있다.

4 웹툰을 그리는 과정에 알맞게 순서대로 기호를 쓰세요.

> ㉮ 스케치를 바탕으로 그림을 그린다.
> ㉯ 인물을 구상하고 스토리보드를 만든다.
> ㉰ 전체 흐름을 검토하고 수정하는 편집 작업을 한다.
> ㉱ 주제, 배경, 등장인물 등을 설정하고 전체적인 틀을 잡는다.
> ㉲ 세밀한 장면을 구성하고, 인물의 위치나 표정, 카메라 각도를 결정한다.

(   ) ➡ (   ) ➡ (   ) ➡ (   ) ➡ (   )

5 ㉠~㉤ 중 다음 글이 들어가기에 가장 알맞은 곳은 어디인가요?

> 웹툰은 상하 또는 좌우로 화면을 이동하며 연속적으로 사건을 보여 주어 생동감을 높입니다. 이러한 구성 때문에 웹툰은 동영상이나 애니메이션을 보는 것과 같은 경험을 제공합니다.

① ㉠　　　　② ㉡　　　　③ ㉢　　　　④ ㉣　　　　⑤ ㉤

6 이 글을 읽고 난 반응으로 알맞은 것은 무엇인가요? (　　　　　)

① 미수: 웹툰을 그리려면 탄탄한 그림 실력이 필요하군.
② 재민: 웹툰 그리기는 너무 단단해 아무나 할 수 있구나.
③ 강현: 다른 문화 콘텐츠와 웹툰은 비슷한 점이 없는 것 같아.
④ 승호: 웹툰의 인기가 높아지면 드라마의 인기는 점점 줄어들 거야.
⑤ 연정: 웹툰이 다양하게 창작되면 다른 미디어에도 영향을 주겠구나.

> 과정은 대상이 변화하는 상황이나 흐름을 순서대로 설명하는 방법이므로 순서가 드러나도록 요약해 보세요.

7 다음 글을 읽고, 과정의 짜임으로 요약하여 쓰세요.

> 　도자기를 만들 때는 먼저, 도자기를 만들 흙을 준비한다. 흙에 물을 섞어 흙을 말랑말랑하게 만든 후, 원하는 모양으로 빚는다. 그다음 모양을 빚은 흙을 그늘에서 천천히 말린다. 흙이 완전히 마르면 약 800~900도에서 초벌구이를 한다.
>
> 　초벌구이가 끝나면 도자기에 유약을 바른다. 유약을 발라 도자기에 색을 입히거나 반짝이게 만든다. 유약을 바른 도자기는 약 1200~1300도에서 재벌구이를 한다. 이렇게 하면 도자기가 단단해진다.
>
> 　마지막으로, 가마에서 나온 도자기를 식힌다. 이렇게 만든 도자기는 생활에서 사용하거나 예술 작품으로 감상할 수 있다.

도자기를 만드는 과정	1단계	2단계	3단계	4단계

18 토론 유형

우리 사회에서 일어나는 문제가 다양한 만큼 토론의 주제도 다양해요. 토론 유형은 토론 주제에 따라 달라져요. 무엇에 관해 토론하는지를 잘 살펴보면 토론 유형을 파악할 수 있지요.

✦ **토론 유형** 참인지 거짓인지를 밝히는 '사실 토론', 옳고 그름이나 좋은지 나쁜지 등의 가치 판단이 필요한 '가치 토론', 어떤 문제를 해결할 방법을 토론하는 '정책 토론'이 있음.

✦ **토론 절차** '주장 펼치기 → 반론하기 → 주장 다지기 → 판정하기'의 절차로 토론이 진행됨.

① **주장 펼치기**: 토론 주제에 대하여 자신의 주장과 근거를 펼치는 것을 말함.

② **반론하기**: 상대편의 주장과 근거, 근거 자료가 타당한지 따져 봄.

③ **주장 다지기**: 상대편의 반론이 타당하지 않은 것을 밝히고 자신의 주장과 근거를 강화함.

④ **판정하기**: 주장과 근거의 타당성을 따져 토론의 승패를 가림. 판정을 하지 않고 서로 잘한 것을 칭찬하고, 필요한 도움말을 하기도 함.

개념 확인

확인 문제를 풀어 보며 개념을 익혀요.

1~2 **다음 토론 주제에 알맞은 토론 유형을 골라 ○표 하세요.**

1 자유를 누리는 것이 안전보다 중요하다. (사실, 가치, 정책)

2 환경 보호를 위해 일회용 플라스틱 사용을 금지해야 한다. (사실, 가치, 정책)

3~5 **다음은 '동물 실험을 금지해야 한다.'에 대한 토론 내용입니다. 토론 절차 중 무엇에 해당하는 내용인지 보기에서 골라 쓰세요.**

┤ 보기 ├

주장 펼치기   반론하기   주장 다지기   판정하기

3 동물을 대상으로 한 실험은 금지되어야 한다고 생각합니다. 동물 실험은 윤리적으로 문제가 있습니다. 동물도 고통과 스트레스를 느끼기 때문입니다.

(   )

4 반대 측에서 동물 실험을 통해 의학적 발전을 이루고 치료법을 개발했다고 한 주장은 사실입니다. 하지만 대체 연구 방법들이 점점 더 발전하고 있으므로 동물 실험을 하지 않아도 충분히 새로운 치료법을 개발할 수 있습니다.

(   )

5 인간과 동물의 생명은 그 가치의 우열을 따질 수 없으므로 인간의 생명을 구하는 일이 더 중요하다는 것은 타당하지 않습니다. 현재도 많은 실험에서 대체 방법이 사용되고 있고, 그 성공률이 높으므로 동물 실험은 금지해야 합니다.

(   )

관광지에 세금을 부과해야 한다

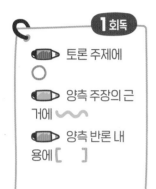

사회자: 코로나19 사태가 진정되면서 세계 유명 관광지에 관광객이 몰려 각종 문제가 발생하고 있습니다. 그래서 세계 유명 관광지에 관광세를 부과하는 방안이 추진되고 있습니다. 지금부터 '관광지에 세금을 부과해야 한다.'라는 주제로 토론을 시작하겠습니다. 먼저 찬성 측 근거를 들어 주장을 펼쳐 주십시오.

🐾 주장 펼치기

찬성 측: 저는 '관광지 세금 부과'에 찬성합니다. 그 이유는 **과잉**˙ 관광을 막을 수 있기 때문입니다. 과잉 관광은 관광객이 한곳에 몰려 **수용할**˙ 수 있는 한

▲ 세계 최초로 관광세를 부과한 부탄

계를 뛰어넘은 것을 말합니다. 과잉 관광은 관광지의 환경 파괴는 물론 교통 문제, 소음 공해 문제를 일으키며, 거주민들의 삶의 질까지 떨어뜨립니다. 관광세를 부과하면 관광지에 사람이 집중되는 것을 막아 관람객에게 더 나은 경험을 제공할 수 있고, 거주민들의 삶의 질도 향상될 것입니다.

또 지속 가능한 관광을 할 수 있습니다. 관광세는 방문객들에게 그들이 방문하는 곳에 대한 책임감을 가지게 하고, 지속 가능한 관광을 장려하는 역할을 합니다. 아름다운 자연을 누리면서도 그것을 보호할 수 있도록 도와 미래 세대의 권리까지 보장해 주는 것입니다.

사회자: 이번에는 반대 측 근거를 들어 주장을 펼쳐 주십시오.

반대 측: 저는 '관광지 세금 부과'에 반대합니다. 관광세 부과로 관광객이 줄어 관광 수입이 줄어들면 지역 경제에 **타격**˙을 주고 관광 산업이 무너질 수 있습니다. 이런 우려 때문에 태국은 2023년에 관광세 도입을 추진했다가 연기했고, 부탄 또한 관광세를 부과하며 관광객을 통제하다가 관광 활성화를 위해 관광세를 줄였습니다. 제주도 역시 10여 년 전부터 환경보전분담금이라는 이름의 관광세 부과를 추진했지만, 관광객이 줄어든 데다 세금에 대한 부정적 시각이 많아 시행하지 못하고 있습니다.

그리고 관광세는 공정하지 않습니다. 특정 관광지에만 세금을 부과하면 해당 지역만 환경이 보호되고, 그 지역 거주민들만 혜택을 받습니다. 또 모든 사람이 자유롭고 공평하게 누릴 수 있어야 하는 관광지를 세금을 낼 경제력을 갖춘 사람만 볼 수 있게 하는 것은 공정하지 않습니다.

- **과잉**(過 지날 과, 剩 남을 잉) 예정하거나 필요한 수량보다 많아 남음.
- **수용**(受 받을 수, 容 얼굴 용)**하다** 어떠한 것을 받아들이다.
- **타격**(打 칠 타, 擊 부딪칠 격) 어떤 일에서 크게 기를 꺾음. 또는 그로 인한 손해.

⚙️ ㉠반론하기

사회자: 이번에는 반대 측에서 찬성 측 주장에 대해 반론해 주십시오.

반대 측: 찬성 측 의견 잘 들었습니다. 찬성 측에서는 관광세를 부과하면 과잉 관광을 막아 환경을 보호하고, 지역 주민의 삶의 질이 향상된다고 하셨습니다. 그런데 관광세를 부과하여 관광객이 줄어들면 관광업의 수입이 줄어들어 오히려 지역 주민의 삶의 질이 떨어질 수 있습니다. 그리고 일자리를 잃는 사람도 생길 수 있습니다. 실제로 코로나19 때 프랑스는 관광객의 발길이 뚝 끊겨 약 20만 개의 일자리가 사라지기도 했습니다.

사회자: 다음으로 찬성 측에서 반대 측 주장에 반론해 주십시오.

찬성 측: 저도 반대 측 의견 잘 들었습니다. 반대 측에서는 관광세를 부과하면 관광 산업이 무너져 지역 경제에 타격을 입을 수 있다고 하셨습니다. 그런데 과잉 관광으로 관광지의 환경 오염과 훼손이 심각해지면 관광 산업은 지속할 수 없습니다. 많은 사람이 찾는 필리핀의 아름다운 섬 보라카이는 해변의 오염 문제와 **폐기물**˙ 관리 문제로 2018년 4월부터 10월까지 6개월간 섬 전체를 **폐쇄했습니다**˙. 이는 수용 가능한 범위를 넘어서 관광객이 모여들면 관광지가 파괴되어 아예 관광 산업을 할 수 없게 된다는 것을 보여 주는 예입니다.

● **폐기물**(廢 폐할 폐, 棄 버릴 기, 物 만물 물) 못 쓰게 되어 버리는 물건.

● **폐쇄**(閉 닫을 폐, 鎖 쇠사슬 쇄)**하다** 기관이나 시설을 없애거나 기능을 정지하다.

🐻📖 **구조읽기** 빈칸에 알맞은 낱말을 써넣으며 내용을 정리해 보세요.

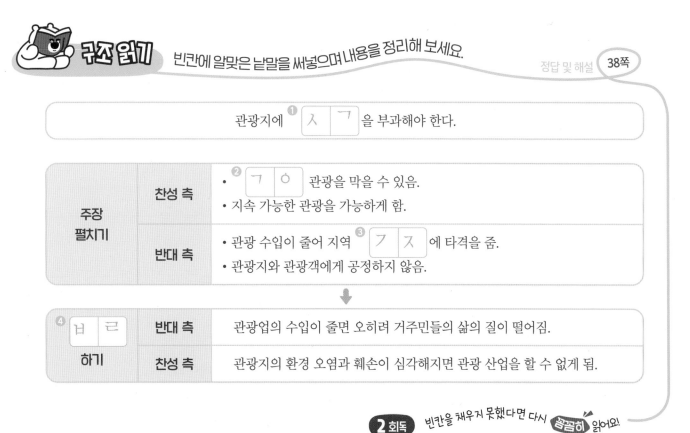

정답 및 해설 38쪽

관광지에 ❶ [ㅅ][ㄱ] 을 부과해야 한다.

주장 펼치기	찬성 측	• ❷ [ㄱ][ㅇ] 관광을 막을 수 있음. • 지속 가능한 관광을 가능하게 함.
	반대 측	• 관광 수입이 줄어 지역 ❸ [ㄱ][ㅈ] 에 타격을 줌. • 관광지와 관광객에게 공정하지 않음.

⬇️

❹ [ㅂ][ㄹ] 하기	반대 측	관광업의 수입이 줄면 오히려 거주민들의 삶의 질이 떨어짐.
	찬성 측	관광지의 환경 오염과 훼손이 심각해지면 관광 산업을 할 수 없게 됨.

2 회독 빈칸을 채우지 못했다면 다시 **꼼꼼히** 읽어요!

1 이 토론의 목적으로 가장 알맞은 것은 무엇인가요? (   )

① 관광세가 무엇인지 설명하기 위해서

② 관광지에 대한 정보를 전달하기 위해서

③ 관광세 부과의 문제점을 고발하기 위해서

④ 과잉 관광으로 피해를 본 나라들을 소개하기 위해서

⑤ 관광세 부과에 대한 의견을 밝히고 상대방을 설득하기 위해서

2 이 토론에 드러난 양측의 입장을 정리한 것이에요. 빈칸에 알맞은 말을 쓰세요.

찬성 측	반대 측
❶ [ ][ ] 관광을 막을 수 있고, ❷ [ ][ ] 한 관광을 장려함.	❸ [ ][ ] 에 타격을 주고 관광 산업이 무너질 수 있으며 ❹ [ ] 하지 않음.

3 이 토론과 같은 유형의 토론 주제를 **보기**에서 두 가지 골라 기호를 쓰세요.

┤ **보기** ├

㉮ 강력한 처벌은 범죄율을 감소시킨다.

㉯ 우리나라는 기본 소득제를 도입해야 한다.

㉰ 학생 안전을 위해 모든 학교에 CCTV를 설치해야 한다.

㉱ 학생들은 게임을 하는 것보다 독서를 하는 것이 바람직하다.

(,   )

4 ㉠에 대한 설명으로 알맞은 것을 두 가지 고르세요. (,   )

① 상대편의 주장과 근거를 요약해 제시한다.

② 근거를 들어 토론의 승패를 가르고 끝낸다.

③ 자기편의 주장과 근거를 다시 강화하는 단계이다.

④ 상대편에서 제기한 반론이 타당하지 않음을 지적한다.

⑤ 상대편의 주장, 근거, 자료가 타당하지 않다는 것을 밝힌다.

5 보기는 찬성 측의 '주장 다지기'입니다. 빈칸에 들어갈 내용으로 알맞은 것은 무엇인가요? (   )

| 보기 |

> 찬성 측: 반대 측에서는 관광지에 세금을 부과하면 관광 산업이 위축되고 일자리가 감소할 것이라고 반론하였습니다. 하지만 아름다운 관광지라도 환경이 오염되고 파괴되면 관광객이 찾지 않아 관광 산업을 계속할 수 없을 것입니다.
>
> [   ] 뛰어난 관광 자원을 잘 지켜 낸다면 관광세를 내더라도 관광객이 찾아올 것이고, 지역 경제 활성화에 도움을 줄 것입니다.

① 관광세로 얻을 수 있는 이익은 없습니다.

② 관광세 부과로 관광객이 줄어드는 일이 발생하고 있습니다.

③ 관광세를 부과하는 일은 많은 사람들이 합의가 필요한 일입니다.

④ 관광세를 부과하기 전에 과잉 관광의 문제점을 확인해야 합니다.

⑤ 관광세를 부과하여 관광지를 보호하고 거주민들의 삶의 질을 지켜 주어야 합니다.

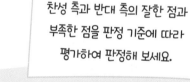

찬성 측과 반대 측의 잘한 점과 부족한 점을 판정 기준에 따라 평가하여 판정해 보세요.

6 다음 판정 기준에 따라 찬성 측과 반대 측을 평가하고, 토론 결과를 판정해 보세요.

구분	판정 기준
1	타당한 근거를 들어 주장을 펼쳤는가?
2	근거에 대한 구체적인 자료를 제시하였는가?
3	상대편이 제시한 근거나 자료가 적절하지 않다는 것을 밝혔는가?
4	상대편이 제기한 반론이 잘못되었음을 지적하였는가?

글에 드러나지 않은 내용 **추론**

수원 화성은 세계에서 인정하는 훌륭한 건축물이네.

세계가 인정한 걸 어떻게 알아?

수원 화성은 1997년에 유네스코 세계 문화유산으로 등재되었다. ......

유네스코 세계 문화유산으로 등재되었다잖아.

아무리 자세히 쓴다고 해도 글에 모든 내용을 다 담을 수는 없어요. 그래서 글을 읽을 때는 앞뒤 맥락을 통해 글에 직접 드러나 있지 않은 부분을 생각하며 읽어야 해요. 글에 드러나 있지 않은 내용을 추론하며 읽으면 내용이나 상황을 깊고 넓게 이해할 수 있어요.

✦ **추론하며 읽기** 이미 알고 있는 사실이나 정보를 바탕으로 다른 판단을 이끌어 내는 것을 '추론'이라고 하고, 글의 앞이나 뒤에 드러난 사실이나 정보를 근거로 하여 글에 드러나지 않은 내용을 추론하며 읽는 방법을 '추론하며 읽기'라고 함.

✦ **글에 드러나지 않은 내용을 추론하는 방법**

• 자신이 가지고 있는 배경지식을 바탕으로 짐작하기
• 글에 제시된 단서를 파악하며 짐작하기

확인 문제를 풀어 보며 개념을 익혀요.

1~2 **보기에서 알맞은 말을 골라 빈칸에 써넣으세요.**

┤ 보기 ├

추론   제목   앞뒤   배경지식   단서

1 이미 알려진 정보를 근거로 하여 다른 판단을 이끌어 내는 것을 (   )
이라고 한다.

2 자신이 가지고 있는 (   )을 바탕으로 짐작하거나 글에 제시된
(   )를 파악하면 글에 드러나지 않은 내용을 추론할 수 있다.

3~4 **다음 글을 읽고 추론한 내용으로 알맞은 것에 ○표 하세요.**

3
> 오늘 아침 일기 예보에서 오늘은 아침부터 많은 비가 내린다고 했다. 학교에
> 도착한 명수는 비를 홀딱 맞아 물에 빠진 생쥐처럼 보였다.

(1) 명수는 오늘 아침에 지각했을 것이다.   (   )
(2) 명수는 오늘 아침에 일기 예보를 못 보았을 것이다.   (   )

4
> 미국의 유명 소설가인 펄벅은 1960년대에 한국의 경주를 방문한 적이 있다.
> 그때 그녀는 감나무에 따지 않은 감이 달린 것을 보고 통역가에게 물었다.
> "저 높이 있는 감은 따기 힘들어서 그냥 남긴 건가요?"
> "아닙니다. 저건 '까치밥'이라고 합니다. 겨울 새들을 위해 남겨 둔 거지요."
> 그녀는 감동하여 말했습니다.
> "내가 한국에 와서 보고 싶었던 것은 고적이나 왕릉이 아니었어요. 나는 이거
> 하나만으로도 한국에 잘 왔다고 생각해요."

(1) 펄벅은 한국의 고적과 왕릉을 보고 싶어 하지 않았을 것이다.   (   )
(2) 펄벅은 동물과 더불어 사는 우리나라 사람들의 삶의 태도에 감동받았을 것이다.
                                                    (   )

재미없는 영화 끝까지 봐야 할까?

1회독

🔖 중심 글감에
⭕
🔖 추론에 근거가
되는 중심 문장에
〰️
🔖 합리적인 선택
의 의미가 드러난 부분
에 [　]

달수는 운동을 할지 영화를 볼지 고민하다가 영화를 보기로 하고 극장에 갔다. 영화표를 15,000원에 구매하고 영화를 보는데, 시작된 지 30분 만에 나가고 싶었다. 재미도 없고 불쾌한 장면도 많이 나왔기 때문이다. 그런데 지불한 돈 15,000원이 아까워서 참고 계속 보았다. 달수가 지출한 영화표 값 15,000원은 영화를 보든 보지 않든 이미 발생하여 되돌릴 수 없는 돈이다. 이와 같이 선택을 번복해도 이미 지출되어 되돌릴 수 없는 비용을 '**매몰** 비용'이라고 한다.

매몰 비용은 엎질러진 물과 같다. 물을 다시 주워 담을 수 없듯이 매몰 비용 또한 주워 담을 수 없다. 그러므로 의사 결정이나 선택에 영향을 미쳐서는 안 된다. 달수가 영화를 계속 볼지 아니면 나가서 다른 활동을 할지 결정할 때 이미 지불한 표의 값이 고려되어서는 안 된다는 말이다. 그런데 대부분 달수처럼

매몰 비용은
엎질러진 물과 같아.

매몰 비용의 영향을 받는다. 지출한 비용을 포기하는 것이 아깝기 때문이다. 경제적으로 합리적인 선택은 재미없는 영화를 보면서 1시간 30분을 낭비하지 않고, 더 유익하게 시간을 보내는 것이다.

● **매몰**(埋 묻을 매, 沒 잠길 몰)
보이지 아니하게 파묻히거나
파묻음.

● **초음속**(超 넘을 초, 音 소리 음,
速 빠를 속) 소리의 속도보다
빠른 속도.

달수와 같이 이미 지출된 매몰 비용을 고려하여 의사 결정을 내리는 오류를 '매몰 비용의 오류'라고 한다. 흔히 매몰 비용의 오류를 '콩코드 오류'라고도 한다. 그 이유는 다음과 같다. 1962년 영국과 프랑스 양국은 여러 나라의 큰 기대하에 **초음속** 여객기인 '콩코드' 개발에 들어갔다. 그러나 빠른 속도에만 몰두한 나머지 여러 문제점을 놓쳤다. 비행기 실내를 너무 좁게 설계해 탑승 인원이 제한되었고, 연료 소모량이 많고 연료가 20%나 비싸 사업성이 떨어졌다. 일반 비행기보다 2배 빠른 속도로 이동이 가능했지만, 비행기표값이 너무 비쌌다. 여행객들은 실용성과 경제성이 떨어지는 콩코드기를 조금씩 외면했다. 하지만 영국과 프랑스는 콩코드 운항을 쉽게 멈추지 못했다. 지금까지

운행
중단
2003

들어간 돈이
얼마인데? 계속
운항해야 해!

사업은 시작했지만
문제가 많은데,
운항해도 괜찮을까?

들인 투자 비용이 아깝고, 또 두 나라의 명예가 걸린 사업이었기 때문이다. 문제점을 알게 되었을 때 즉시 운항을 멈췄어야 했는데, 힘겹게 사업을 이어 오다가 콩코드 운항 27년 만인 2003년에야 운항 중단 결정을 내렸다. 2003년 콩코드 운항 중단 결정을 내렸을 때는 ⟨ ㉠ ⟩. 이처럼 돌이킬 수 없는 비용이 아까워 잘못된 결정을 하기보다는 앞으로의 선택을 현명하게 하는 것이 중요하다.

그렇다면 매몰 비용의 오류를 범하지 않는 합리적인 선택은 어떤 것일까? 일반적으로 내가 고른 것과 포기한 것을 비교했을 때 내가 고른 것에 대한 만족도가 더 높다면 사람들은 합리적인 선택을 했다고 생각한다. 선택을 할 때 '이 선택이 나에게 꼭 필요한 것인지, 그 일을 하는 데 시간과 돈이 얼마나 드는지, 그 일을 하면 무엇을 얻을 수 있는지'를 생각하면 합리적인 선택을 하는 데 도움이 된다. 달수가 재미 없는 영화를 계속 보지 않고 영화관을 나와서 운동을 했다면 영화를 보려고 낸 돈은 아깝지만 남은 시간의 만족도가 높아졌기 때문에 합리적인 선택을 한 것이다. 합리적인 선택이 필요한 이유는 잘못된 선택을 하면 우리가 가진 시간과 돈이 **낭비되고** 필요한 것을 할 수 없기 때문이다.

● **낭비**(浪 물결 낭, 費 쓸 비)**되다** 시간이나 재물 따위가 헛되이 헤프게 쓰이다.

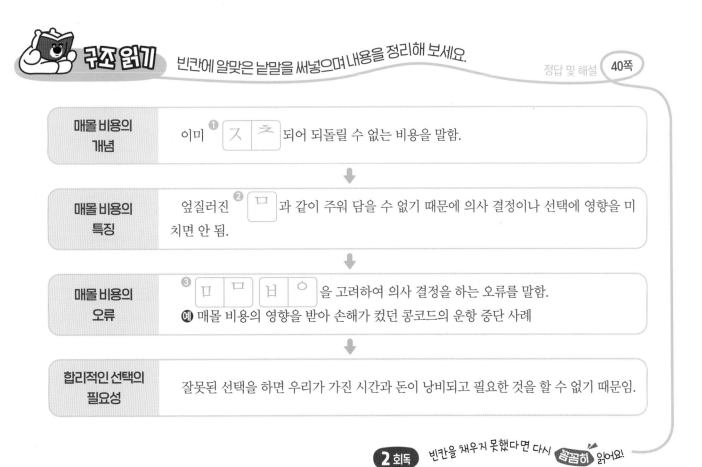

구조읽기 빈칸에 알맞은 낱말을 써넣으며 내용을 정리해 보세요.

정답 및 해설 40쪽

| 매몰 비용의 개념 | 이미 ❶ ㅈ ㅊ 되어 되돌릴 수 없는 비용을 말함. |

↓

| 매몰 비용의 특징 | 엎질러진 ❷ ㅁ 과 같이 주워 담을 수 없기 때문에 의사 결정이나 선택에 영향을 미치면 안 됨. |

↓

| 매몰 비용의 오류 | ❸ ㅁ ㅁ ㅂ ㅇ 을 고려하여 의사 결정을 하는 오류를 말함.
예 매몰 비용의 영향을 받아 손해가 컸던 콩코드의 운항 중단 사례 |

↓

| 합리적인 선택의 필요성 | 잘못된 선택을 하면 우리가 가진 시간과 돈이 낭비되고 필요한 것을 할 수 없기 때문임. |

2 회독 빈칸을 채우지 못했다면 다시 **꼼꼼히** 읽어요!

1 다음 빈칸에 들어갈 알맞은 말을 이 글에서 찾아 쓰세요.

은 이미 지출되어 되돌릴 수 없는 비용이다.

2 영국과 프랑스가 콩코드 운항을 멈추지 <u>못한</u> 이유는 무엇인가요? ( )

① 비행기값이 저렴해 실용적이었기 때문에
② 콩코드 개발의 문제점을 알지 못했기 때문에
③ 큰돈을 벌 수 있을 만큼 사업성이 뛰어났기 때문에
④ 투자 단계에서 이미 엄청난 비용을 지불했기 때문에
⑤ 빠른 속도로 인해 사람들의 기대감이 점점 높아졌기 때문에

3 이 글을 읽고 알맞게 추론한 친구의 이름을 쓰세요.

달수는 돈보다 시간을 더 중요하게 생각해서 극장으로 간 거군.

강호

달수가 극장에서 매몰 비용의 오류를 범했군.

강희

달수가 영화를 끝까지 본 것은 결국 합리적인 선택을 한 것이군.

두나

( )

4 앞뒤 문맥으로 볼 때 ㉠에 들어갈 내용으로 알맞은 것은 무엇인가요?

( )

① 손해가 눈덩이처럼 불어나 있었다.
② 투자 비용을 모두 돌려받을 수 있었다.
③ 연료값이 내려간다는 소문이 떠돌았다.
④ 사업을 이어받겠다는 나라들이 나타났다.
⑤ 두 나라가 다른 사업을 하기로 계약을 맺었다.

5 이 글에서 말한 합리적인 선택을 한 경우는 어느 것인가요? ( )

① A는 새 장난감을 사고 싶었지만 꾹 참고 저금을 했다.

② B는 디자인이 마음에 들지 않았지만 가장 비싼 옷을 샀다.

③ C는 몸이 아팠지만 체육관에 이미 낸 회비가 아까워서 운동을 하러 갔다.

④ D는 K작가의 작품을 사고 싶었지만 작품 가격 때문에 J작가의 작품을 샀다.

⑤ E는 온라인으로 산 신발이 불편하자 매장에 직접 가서 발에 맞는 신발을 다시 샀다.

6 이 글을 읽고 궁금증을 해결할 수 있는 질문은 무엇인가요? ( )

① 사람들이 선택을 어려워하는 이유는 무엇일까?

② 합리적인 선택을 못하는 사람들의 특징은 무엇일까?

③ 영국과 프랑스가 콩코드 개발을 시작한 이유는 무엇일까?

④ 달수가 운동을 하지 않고 영화를 보기로 한 이유는 무엇일까?

⑤ 많은 사람들이 매몰 비용을 포기하지 못하는 이유는 무엇일까?

> 빈칸의 내용을 앞뒤 문맥에 맞게 추론해 보고 어떤 선택을 하든 이미 지출한 비용은 되돌릴 수 없다는 것을 생각하여 합리적인 선택을 해 보아요.

7 다음 빈칸에 들어갈 내용을 추론해 보고, 다음 상황에서 '나'라면 어떤 선택을 할지, 그 이유를 매몰 비용과 합리적인 선택을 고려하여 써 보세요.

> 뮤지컬을 보려고 표를 예매했는데, 공연 당일 기상 악화로 폭우가 내렸다. 공연장 주변은 평소에도 길이 막히고, 교통이 혼잡한 곳인데 비까지 와서 교통 상황도 좋지 않다. 이런 날은 집에서 쉬어야 할 것 같은데, 뮤지컬 표는 공연을 보러 가지 않아도 ⬚⬚⬚⬚⬚⬚⬚ 이런 상황에서 어떤 선택을 해야 할까?

• 빈칸에 들어갈 내용:

• 나의 선택과 그 이유:

20 희곡의 요소

희곡은 연극을 만들기 위해 쓰인 글이에요. 무대를 어떻게 꾸며야 하는지, 등장인물이 어떤 의상을 입고 어떤 모습으로 분장해야 하는지, 어떤 말을 해야 하는지를 해설, 지문, 대사를 통해 전달하지요. 이런 요소가 무대에서 어떻게 구현될지 생각하며 희곡을 읽으면 각 요소의 역할을 이해하기 쉬울 거예요.

✦희곡의 요소 희곡은 공연을 목적으로 무대에서 배우가 해야 하는 말이나 행동, 표정, 극의 배경 등을 써 놓은 글로 해설, 지문, 대사로 이루어짐.

• **해설**: 희곡의 첫머리에 사건이 일어난 때와 장소, 분위기, 등장인물, 무대 장치 등을 설명한 것
• **지문**: 등장인물의 행동이나 표정, 말투, 심리 등을 지시하거나 서술한 것
• **대사**: 등장인물이 하는 말. 둘 이상이 서로 주고받는 대화, 등장인물이 혼자 하는 말, 마음속 으로 하는 말이 있음.

확인 문제를 풀어 보며 개념을 익혀요.

1~2 ㉠과 ㉡이 희곡의 요소 중 무엇에 해당하는지 **보기**에서 찾아 쓰세요.

┤ 보기 ├

해설   지문   대사

1

㉠때: 한여름의 오후
장소: 신비로운 숲속 마을
등장인물: 토끼 선생님, 곰, 여우, 다람쥐, 숲의 정령

　무대 중앙에 거대한 나무가 빽빽히 있고, 그 주위에는 이끼 낀 바위와 작은 식물들이 있다. 빽빽한 나무들 사이로 햇빛이 비치는 곳에 연못이 있다.

토끼 선생님: (밝게 웃으며) ㉡여러분, 여러분! 오늘은 숲에서 보물찾기를 할 거예요. 누가 가장 많은 보물을 찾을까요?
다람쥐: (흥분한 목소리로) 보물찾기라면 자신 있어. 나는 누구보다 빠르게 움직이니까 보물을 많이 찾을 수 있을 거야.
곰: (실망한 표정으로) 힘으로는 내가 제일이지만, 보물찾기는 어려울 것 같아.

㉠: (　　　　　　　　)　　㉡: (　　　　　　　　)

2

때: 300년 전, 겨울
장소: 영국 라임 마을
등장인물: 공주, 마녀, 왕, 왕비, 시녀들

　무대 중앙에 아름다운 성이 있고, 한쪽에는 눈이 덮인 숲과 마법의 동굴이 있다.

왕: (창밖을 바라보며 걱정스러운 목소리로) ㉠눈이 그치지 않는구나. 이렇게 눈이 계속 쌓이면 백성들이 위험해지겠어.
공주: ㉡(단호한 목소리로) 아버지, 걱정하지 마세요. 제가 반드시 이 문제를 해결하겠어요!

㉠: (　　　　　　　　)　　㉡: (　　　　　　　　)

꼴뚜기
글 진형민

인생 최대의 위기

1회독

⬭ 등장인물에
◯

⬭ 해설과 지문,
대사에 〰️

⬭ 배경을 알 수
있는 부분에 [ ]

1 ㉠극의 시작을 알리는 음악 소리. 학교 가는 길. 길이찬, 책가방을 메고 등장.

길이찬: (노래 부르며) 기쁘다 구주호 오셨네, 만백성 맞으라!

 ㉡(무대 가운데에 서서) 구주호, 학교 가자!

 구주호, 책가방을 질질 끌며 느린 걸음으로 등장.

길이찬: ㉢너 왜 그래? 무슨 일 있어?

구주호: 아, 몰라, 우리 엄마가 또 이상한 책 읽고 있다고.

길이찬: 엄마가 책 읽는 게 뭐가 문제야?

구주호: 책 읽는 걸로 끝나지 않으니까 문제지. 작년 겨울 방학 때 내가 학원 다
 니느라 놀지도 못한 거 생각나지?

길이찬: 그럼, 생각나지. 시험 전날에도 축구하고 놀던 애가 방학하자마자 공부
 한다고 해서 진짜 웃겼잖아.

구주호: 그때도 우리 엄마가 책 읽어서 그렇게 된 거라고. 책 제목이 『쉿! 방학
 때 몰래 성적 올리기』였거든.

2 길이찬: 그래도 학원 금방 그만뒀잖아.

구주호: 우리 엄마가 또 다른 책을 읽었으니까. 책 제목이 『잘 노는 아이가 결국
 성공한다』였거든.

길이찬: 아하, 그래서 실컷 놀아도 괜찮았구나.

구주호: (㉮   ) 이제 좋은 **시절**˚ 다 지나갔어.

길이찬: 엄마가 또 무슨 책을 읽고 있는데?

구주호: 『진짜 공부는 5학년 때부터!』. 아무래도 다시 학원 다닐 것 같아.

길이찬: 안 돼! 그럼 축구할 때 수비는 누가 해? <중략>

구주호: 으으으, 이게 다 책 때문이야! 책, 책, 책! 책이 내 인생을 망치고 있어!

3 학교 가는 길. 길이찬, 책가방을 메고 무대에 서 있다.

길이찬: 구주호, 학교 가자!

구주호: (㉯   ) 기쁘다 구주호 오셨네, 만백성 맞으라!

길이찬: 너 괜찮아? 많이 안 혼났어?

구주호: 어제는 혼났는데, 오늘은 괜찮아. 나 학원 그만두기로 했어.

● **시절**(時 때 시, 節 마디 절) 일
 정한 시기나 때.

길이찬: 진짜? 엄마가 그래도 된대?

구주호: 엄마가 먼저 그만두라고 한 거야. 우리 엄마가 어젯밤에 또 책을 읽었거든.

길이찬: 책? 무슨 책?

구주호: 이번에는 두 권을 한꺼번에 읽었는데, 책 제목이 뭐냐 하면……

　　구주호 엄마와 학원 선생님, 양쪽에서 커다란 책 표지 그림을 들고 등장.

　　학원 선생님 『억지로 공부해서 꼴찌 하는 아이』.

　　구주호 엄마 『달달 볶는° 부모가 아이를 망친다』.

4 구주호: 당분간은 마음대로 놀 수 있어.

길이찬: 그럼 이따 같이 축구할래?

구주호: 어, 그런데 나 도서관에 잠깐 들러야 돼. 오늘 책 들어온다고 했거든, 마
　　법사 나오는 책.

길이찬: 너 저번에 책이 네 인생 다 망쳤다고 하지 않았냐? (구주호 흉내 내며)
　　으으으, 이게 전부 책 때문이야!

구주호: 내가? 언제? 책이 얼마나 재밌는데. 너도 축구만 하지 말고 책 좀 읽어.
　　사람이 책을 읽어야지. 책은 마음의 양식이란 말도 모르냐? (노래하며) 기쁘
　　다 새 책 나왔네, 만백성 맞으라!

　　구주호, 춤추듯이 걸어서 퇴장. 길이찬, 관객을 향해 어깨를 으쓱하며 웃는다. 극을 마무리하
는 음악 소리.

● **볶다** 성가시게 굴어 사람을 괴
롭히다.

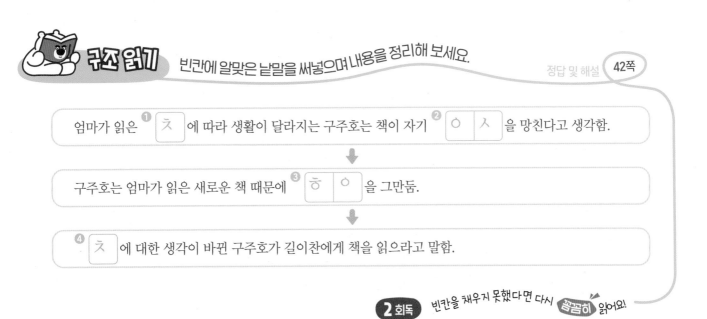

구조읽기 빈칸에 알맞은 낱말을 써넣으며 내용을 정리해 보세요.

정답 및 해설 42쪽

엄마가 읽은 ① [ㅊ] 에 따라 생활이 달라지는 구주호는 책이 자기 ② [ㅇ][ㅅ] 을 망친다고 생각함.

⬇

구주호는 엄마가 읽은 새로운 책 때문에 ③ [ㅎ][ㅇ] 을 그만둠.

⬇

④ [ㅊ] 에 대한 생각이 바뀐 구주호가 길이찬에게 책을 읽으라고 말함.

2 회독 빈칸을 채우지 못했다면 다시 꼼꼼히 읽어요!

1 다음 빈칸에 알맞은 말을 넣어 '책'에 대한 구주호의 생각의 변화를 정리하세요.

> ❶ 엄마에게 영향을 주어 자기 ☐☐ 을 망친다고 생각함. ➡ 재미있고 ❷ ☐☐ 을 자라게 하는 양식과 같다고 생각함.

2 이 희곡에 드러난 구주호의 성격으로 알맞은 것은 무엇인가요? (   )

① 차분하고 진지하다.
② 소극적이고 얌전하다.
③ 적극적이고 긍정적이다.
④ 다른 사람을 배려하고 마음이 넓다.
⑤ 변덕이 심하고 기분에 따라 행동한다.

3 ㉠~㉢의 역할로 알맞은 것을 찾아 선으로 이으세요.

(1) ㉠ 극의 시작을 알리는 음악 소리. • • ① 인물, 무대 장치 등을 설명한 것

(2) ㉡ 무대 가운데에 서서 • • ② 등장인물이 하는 말

(3) ㉢ 너 왜 그래? 무슨 일 있어? • • ③ 등장인물의 행동이나 표정, 말투 등을 지시한 것

4 ㉮, ㉯에 들어갈 내용으로 알맞게 짝지어진 것은 무엇인가요? (   )

㉮	㉯
① 한숨을 쉬며	노래를 부르며
② 눈물을 흘리며	화를 내며
③ 작은 목소리로	놀란 표정으로
④ 한심한 표정으로	큰 소리로
⑤ 신나는 표정으로	박수를 치며

5 이 희곡에서 다음과 같은 상황이 나온다면 뒤에 이어질 이야기로 알맞은 것에 ○ 표 하세요.

> 구주호의 엄마가 새로운 책을 읽고 있는데 책의 제목은 『혼자서도 잘하는 아이』, 『차근차근 계획 세우기』이다.

(1) 구주호가 다른 친구들과 함께 책을 읽는다. (   )

(2) 구주호가 스스로 공부 계획을 세우고 혼자서 공부한다. (   )

(3) 구주호가 길이찬과 매일매일 시간을 정해 축구를 연습한다. (   )

6 이 희곡을 바탕으로 연극을 할 때 필요한 것을 알맞게 말하지 <u>못한</u> 친구의 이름을 쓰세요.

> 도영: 장면 **1**은 학교가 보이는 골목을 무대 배경으로 만드는 게 좋겠어.
> 석민: 장면 **2**에서 구주호와 길이찬이 대화하는 중간에 엄마가 책을 읽으며 등장해야 해.
> 승철: 장면 **1**, **3**에서 소품으로 길이찬과 구주호의 책가방이 나와야 해.

(   )

> 희곡에는 해설, 지문, 대사가 들어가니까 세 요소가 드러나도록 바꾸어 써 보아요.

7 다음 글을 희곡의 요소가 잘 드러나게 바꾸어 써 보세요.

> 강길봉과 구연수는 수업이 끝나자마자 운동장으로 뛰어나갔다. 학원에 가기 전에 축구를 하기로 했기 때문이다. 바쁘게 뛰어가는 강길봉의 앞을 막아선 건 옆 반의 공주님 이신비이다. "길봉아, 안녕?" 신비가 인사를 하자 얼굴이 빨개진 구연수가 대답을 한다. "연수야, 반가워. 그런데 자리 좀 비켜 줄래? 나 길봉이한테 할 말 있거든."

📷 사진 출처

국가유산청	www.khs.go.kr
국립중앙박물관	www.museum.go.kr
서울특별시 농업기술센터	agro.seoul.go.kr
셔터스톡	www.shutterstock.com/ko
연합뉴스	www.yna.co.kr
한국민족문화대백과사전	encykorea.aks.ac.kr
한국방송광고진흥공사	www.kobaco.co.kr

달달 읽고 **곰곰** 생각하는
달곰한 시리즈

어휘 강화!
교과 학습
기본기 강화

독해 강화!
분석력, 통합력,
사고력 강화

달곰한 문해력
기본서

초등교사 100인 추천!
'3회독 학습법'으로
문해력 기본기를 다져요.

달곰한 문해력
초등 어휘

'낱말밭 어휘 학습'으로
각 학년 필수 교과 어휘를
완성해요.

학습의
순환 구조에 따른
어휘력, 독해력
상호 강화!

달곰한 문해력
초등 독해

초등 최초! '주제 연결 독해법' 도입!
하나의 주제로 연결된
2개의 글을 읽어요.

초등 국어 교과에서 뽑은

단계별 개념

달콤한 문해력 기본서

2022 개정 교육과정에서 배우는
국어 교과 개념 200개를 다루었어요.

NE능률

정답 및 해설

5~6학년 추천

초등 5단계 B

달달 읽고 곰곰 생각하는

달콤한 리딩

3회독 학습법

- 한번에 읽기
- 꼼꼼히 읽기
- 주도적 읽기

달달 읽고 곰곰 생각하는

달콤한 기본 독해력

5~6학년 추천

초등
5단계
B

정답 및 해설

지문을 다시 한 번 꼼꼼하게 읽어 보아요. 지문에 대한 이해가 한 뼘씩 넓어질 거예요.

정답 클용호

06
시의 어조

나의 읽기 방법은
글을 읽는 방향에 따라
잘 읽었는지 확인해
보세요.

○ 바르게 읽어요
~ 시의 어조에
말하는 이의
태도나 드러난
[ ] 부분에

문해력의 기본은
어휘!
새로운 지문을 만날
때마다 새로운 어휘도
익혀 보세요.

* 새로 알게 된 낱말이나
어려운 낱말을 써 보세요

3회독

가 낙타
1연~2연
[처럼,
등에,
혹이]
두 개씨이냐?
낙타의 등에는 혹을 부정적으로 보고 안타까워함.

사마을 티바티바
무정겠다 예]
낙타의 등에 혹을 거와고 부정적으로 생각함.

3연~4연
[아니아,
이건
내 도시락인걸]
자신의 혹을 도시락이라고 긍정적으로 생각함.

타바타바 샤아
[좋겠단다 예]
사막을 걷는 것을 즐겁게 느낌.

1연~2연
낙타를 바라보는 이가 두 등에 혹이 두 개나 있는 낙타가 안쓰러워 낙타에게 사막을 걸을 때 무거울 것 같다고 말한다.

3연~4연
낙타가 혹은 자기 도시락이며 사막을 걷는 것은 즐겁다고 답한다.

구조 읽기
1 낙타   2 도시락

나 바람
1연~2연
(바람)
바람,
바람,
나는 내 키가 좋으냐?
나는 내 코가 좋으냐?
나는 내 손이 좋으냐?

3연~5연
내사 왼통 빨개졌네.
[내사 아무치도 않다.]
바람 때문에 빨개진 얼굴을 나가 긍정적으로 여기며 씩씩하게 여김.

호호 추워라 구보로!

1연~2연
내가 혼자말로 바람을 부르고 바람에게 내 귀와 코와 손 중에 무엇이 좋냐고 묻는다.

3연~5연
나는 바람 때문에 얼굴이 온통 빨개진 것이 아무렇지도 않다고 말했지만 추워서 달리어 간다.

구조 읽기
3 바람   4 구부

잘 읽었나요?
글의 구조를 파악하며
잘 읽었는지 확인해
보세요

5단계 B ● 정답 및 해설 14

문제 풀이가 아니라 문해력을 향상시키는 가이드입니다.

빠른 정답 확인

문해력의 어떤 과정을 묻는 문제인지 확인해 보세요

글을 바르게 이해하고 글쓴이의 생각을 펼치기 위해서 어떻게 글을 읽어야 하는지 알려 주는 도움말

글을 읽고 문제를 풀면서 어떤 점을 잘못 짚었는지 알려 주는 도움말

자신의 생각과 비교해 볼 수 있고 생각을 확장시킬 수 있는 예시 답안

어떤 기준으로 생각을 펼쳐 글을 쓰는 것이 좋은지 알려 주는 채점 기준

46~47쪽

1 ①, ③ 2 (4) 3 ㉠, ㉡ 4 ① 5 (2)○ 6 연수
7 예시 답안 참고

말하는 이의 특징 파악하기
1 시 ㉮에서 1, 2연에 말하는 이는 '낙타'를 보고 있는 사람이고, 3, 4연의 말하는 이는 '낙타'이므로 시 ㉮의 말하는 이는 두 명이다. 시 ㉯에서 말하는 이는 시적 대상인 자신의 귀와 코와 손 중에서 무엇이 좋으냐며 질문하고 있다.

내용 파악하기
2 시 ㉮에서 아이는 차가운 바람 때문에 눈과 코와 손이 온통 빨개졌지만 자기는 아무렇지도 않다고 말하였다.
(1), (2) 시 ㉮의 도시락은 낙타가 자기의 혹을 빗대어 표현한 것으로 낙타를 견디는 것을 즐겁게 여기고 있다.
(3) 시 ㉯에서 차가운 바람 때문에 말하는 이의 얼굴이 온통 빨개졌는지는 알 수 없다. 말하는 이가 바람 때문에 감기에 걸렸는지는 알 수 없다.

시의 어조 파악하기
3 시 ㉮의 ㉠ '두 개씩이나?'와 ㉡ '우겨넣다' 에'에는 등에 혹을 두 개나 달고 사막을 걸어야 하는 낙타의 처지를 안 좋게 생각하는 말하는 이의 부정적인 어조가 드러난다. ㉢, ㉣ 낙타가 자기 등에 있는 혹과 그 혹을 달고 사막을 걸어야 하는 자신의 처지를 긍정적으로 받아들이는 어조가 드러난다.

시의 어조 파악하기
4 시 ㉯에서 말하는 이는 추운 날 바람을 맞으면서도 바람에게 아무렇지도 않다고 말하고 있으므로 씩씩하고 밝은 어조로 낭송하는 것이 알맞다.

말하는 이의 삶의 태도 파악하기
5 시 ㉮에서 낙타는 등에 혹을 달고 사막을 걸어야 하는 상황을 즐겁게 받아들이고 있다. (2)에서도 않는 웃음 입었지만 듣이는 긍정적인 삶의 태도를 보이고 있다. (2)에서도 않는 웃음 입었지만 듣지 않다며 상황을 긍정적으로 받아들이는 삶의 태도가 드러난다.

긍정의 적절성 파악하기
6 시 ㉯의 '네시가 아무지도 않다'는 바람이 아니라 말하는 이가 한 말이다. 이 말에서도 추운 바람을 이겨 내고자 하는 말하는 이의 씩씩함을 느낄 수 있다.
• 경수: 말하는 이가 바람을 사람처럼 대하며 자기의 귀, 코, 손 중에 무엇이 좋으냐고 묻고 있다.
• 인호: 혹 호라는 흉내 내는 말을 써서 바람의 차가움을 생생하게 표현하고 있다.
• 지원: 바람이 말하는 이의 손에 붙은 느낌을 말하는 이가 바람에게 자신의 손을 좋아하냐고 표현하고 있다.

7 예시 답안 금상: 친구 / 어조: 긍정
반가운 미소 짓는 그 얼굴이 / 나를 기분 좋게 한다. / "친하게 지내자!" / 먼저 웃었을 거야.
금상: 소중 / 어조: 간청
담님, 담님 / 내일 아침 해님을 불러 주세요 / 하루 종일 웃으며 인사해 주세요.
별님, 별님 / 내일 아침 구름을 개워 주세요 / 하루 종일 자장가 불러 주세요.

😊	선택한 금상과 어조가 잘 드러나게 시를 썼습니다.
😐	선택한 금상으로 시를 썼으나 선택한 어조가 알맞게 드러나지 못했습니다.
😞	선택한 금상과 어조로 시를 쓰지 못했습니다.

01

시의 감동적인 부분

3회독 뱀

★ 내가 표시한 내용과 예시 답을 비교하며 읽어 보세요.

중심 글감에 ◯
감동적인 표현에 〰️
시의 주제가
드러난 부분에 [ ]

1연
(뱀)은 슬프다
중심 글감

2연
풀밭을 지날 때면
자신도 모르게
쉿! 쉿!
기분 나쁜 소리를 내는 몸이 슬프다
뱀이 기분 나쁜 소리를 내며 풀밭을 지나는 장면이 떠오름.

3연
아무리 예쁘게 눈을 뜨려고 해도
그만 미운 뱀눈이 되는
눈이 슬프다
뱀이 눈이 미운 뱀눈이 되는 장면이 떠오름.

4연
날음 흉보는 것처럼
자꾸만 날름거리는 혀가 슬프다
뱀이 혀를 날름거리는 장면이 떠오름.

5연
그러나 [슬픈 뱀에게도 '모든 존재는 세상을 위해 할 일이 있다.'
세상을 위해 할 일이 있단다] 라는 주제가 드러남.
그래서 세상에 기다란 뱀으로 태어났단다
슬픈 뱀에게도 세상에 태어난 이유가 있음.

★ 새로 알게 된 낱말이나
어려운 낱말을 써 보세요.

_____
_____
_____
_____
_____

1연
뱀이 슬프다.

2연
뱀이 슬픈 이유 ①: 뱀은 기분 나쁜 소리를 내서 슬프다.

3연
뱀이 슬픈 이유 ②: 뱀은 미운 뱀눈이 되어서 슬프다.

4연
뱀이 슬픈 이유 ③: 뱀은 혀가 자꾸만 날름거려서 슬프다.

5연
슬픈 뱀도 세상을 위해 할 일이 있다.

구조 알기

1 몸   2 눈   3 혀   4 세상

구체적인 생활에 주제 적용하기

5 이 시에서 말하는 이는 뱀은 기분 나쁜 소리를 내는 몸, 예쁘게 눈을 뜨려고 해도 미운 뱀눈이 되는 눈, 자꾸만 날름거리는 혀가 슬프지만 그래도 뱀에게도 세상을 위해 할 일이 있다고 말하고 있다. 따라서 이 시를 읽은 친구는 '작은 쥐'에게 꽃을 피우지는 못했지만 화단에서 할 일이 있을 때니 희망을 가지라고 말해 줄 수 있다.

6 예시 답안

뱀이 자신의 몸과 눈, 혀 때문에 슬퍼하는 부분을 읽고, 뱀이 나타내면 피하는 사람들의 모습이 떠올라 뱀이 슬픈 마음이 느껴졌다. 친구들이 나와 볼 을 주지 않는다면 무척 슬플 거라는 생각이 들었다.

^ㅂ	감동적인 부분을 찾아 쓰고, 그 부분이 감동적인 이유를 분명하게 밝혔습니다.
:)	감동적인 부분을 찾아 썼지만, 그 부분이 왜 감동적인지를 알맞게 쓰지 못했습 니다.
:(	감동적인 부분과 그 이유를 쓰지 못했습니다.

14-15쪽

1 뱀 **2** ③ **3** ①,④ **4** ① **5** ② **6** 예시 답안 참고

중심 글감 파악하기

1 이 시에서 말하는 이는 습프 '뱀'을 바라보고 있다.

표현상의 특징 파악하기

2 이 시에서 사람이 아닌 대상(뱀)을 사람인 것처럼 의인화하여 표현하고 있다.

① 이 시에서 시간적 배경은 구체적으로 드러나지 않는다.
② 이 시에서 물음의 방식은 사용되지 않았다.
④ 이 시에서 명령하는 말투는 사용되지 않았다.
⑤ 이 시에서 말하는 이와 뱀이 대화하는 방식은 사용되지 않았다.

시에서 감동적인 부분 찾기

3 뱀을 보고 아이가 우는 모습이나 뱀이 얼마나 긴지 자로 재어 보는 모습은 이 시에 나타나 있지 않으므로, 이와 관련된 장면을 떠올리는 것은 알맞지 않다.

②, ③, ⑤ 2연에서 뱀이 풀밭을 지나는 장면, 3연에서 뱀이 무섭게 노려보는 장면, 4연에서 뱀이 혀를 날름거리는 장면을 떠올릴 수 있다.

시에 드러난 대상의 마음 파악하기

4 이 시에서는 뱀이 기분 나쁜 소리를 내는 몸과 미운 뱀눈이 되는 눈, 날름거리는 혀 때문에 슬프다고 하였으므로 슬프고 속상한 마음을 느낄 수 있다.

02 어휘의 적절성

★ 내가 표시한 내용과 예시 답을 비교하며 읽어 보세요.

- 중심 글감에 ◯
- 잘못 사용된 어휘에 〰
- 1~3종 지레의 특징에 [ ]

3 회독

지렛대의 원리

역도 선수가 무거운 바벨을 번쩍 들어올리는 장면을 본 적이 있지요? 역도 선수는 어떻게 자신의 몸무게보다 훨씬 무거운 바벨을 들어 올릴 수 있는 것일까요?

그 비밀은 우리 몸속에 숨겨진 (지렛대의 원리)에 있어요.

▲ 우리 몸속에는 지렛대의 원리가 숨어 있어요

우리 몸에는 206개의 뼈와 이 뼈를 움직이게 하는 수많은 근육이 있어요. 이 뼈와 근육이 서로 협력하여 우리 몸을 움직이게 하는데, 힘을 내거나 빠르게 움직일 때 우리 몸은 지렛대의 원리를 이용해 힘을 효율적으로 사용해요.

▲ 우리 몸은 지렛대의 원리를 이용해 힘을 효율적으로 써요

지렛대는 무거운 물건을 쉽게 들어 올리게 해 주는 도구예요. 지렛대에는 세 가지 중요한 부분이 있어요. 바로 받침점, 힘점, 작용점이에요. 받침점은 지렛대를 받쳐 주는 곳, 힘점은 우리가 힘을 직접 가하는 곳, 작용점은 무게가 작용하는 부분이에요. 힘점이 받침점에서 멀리 떨어져 있을수록 작은 힘으로 큰 무게를 들어 올릴 수 있어요.

▲ 지렛대를 이용하면 무거운 물건을 쉽게 들어올릴 수 있어요

지렛대는 받침점, 힘점, 작용점이 어디에 위치하는지에 따라 3종으로 나누어져요. 첫 번째는 1종 지레인데, [받침점이 힘점과 작용점 사이에 있어요. 이 지레는 작은 힘으로 물건을 들어 올릴 수 있지만, 힘점을 많이 움직여야 해요.] 가위나 빠르게는 1종 지레를 활용한 도구예요. 우리가 머리를 앞뒤로 움직일 때도 1종 지레의 원리가 작용해요. 이때 귀밑 관절이 무거운 머리를 받쳐 주는 받침점, 목뒤 근육이 힘을 가하는 힘점, 머리뼈의 앞쪽 부분이 작용점이 돼요. 작은 힘으로 무거운 머리를 움직일 수 있지만 고개를 많이 숙이려면 머리를 많이 움직여야 하지요.
1종 지레의 특징

▲ 1종 지레는 작은 힘으로 무거운 물건을 들어 올릴 수 있어요

두 번째는 2종 지레로, [작용점이 힘점과 받침점 사이에 있어요. 받침점과 작용
2종 지레의 특징

점보다 힘점과 더 멀리 떨어져 있어서 작은 힘으로 큰 힘이 필요한 일을 할 수 있어요.] 병따개와 손수레가 2종 지레를 활용한 도구예요. 그리고 발뒤꿈치가 받침점으로 서서 체중을 견디는 동작에도 2종 지레의 원리가 숨어 있어요. 이때 종아리 근육이 힘점, 다리와 발이 만나는 부분이 작용점, 땅을 디디고 있는 발가락이 받침점이 돼요. 발뒤꿈치가 발가락의 작은 힘으로 몸을 지탱하고 움직일 수 있는 건 작은 힘으로 큰 힘이 필요한 일을 할 수 있는 이 2종 지레 원리 덕분이에요.

'뻗게'로 써야 함.

▲ 2종 지레는 작은 힘으로 큰 힘이 필요한 일을 할 수 있어요

세 번째는 3종 지레로, [힘점이 받침점과 작용점 사이에 있어요. 이 지레는 큰 힘이 필요하지만 정교하고 민첩하게 일을 할 수 있어요.] 핀셋이나 젓가락이 3종 지레를 활용한 도구예요. 우리 몸에서는 손으로 물건을 들어 올릴 때 3종 지레의 원리가 사용돼요. 물건을 손으로 들어 올릴 때 팔꿈치의 관절이 받침점, 팔 근육의 움직임을 조절하는 인대가 힘점, 물건을 느끼는 손이 작용점이 돼요. 팔꿈치에서 손까지의 거리가 더 멀기 때문에 들어 올려야 하는 무게보다 더 큰 힘을 내야 해요. 하지만 힘점과 작용점이 가까워서 빠르게 큰 힘을 낼 수 있어요. 역도 선수는 자신의 몸무게보다 큰 바벨을 들어 올릴 때 3종 지레 원리를 이용해요. 그래서 힘이 많이 들지만 빠른 속도로 바벨을 들어 올릴 수 있지요.
3종 지레의 특징

'무게중심'으로 써야 함.

▲ 3종 지레는 큰 힘이 필요하지만 민첩하게 일을 할 수 있어요

이처럼 우리 몸속에 숨어 있는 지렛대의 원리 덕분에 우리는 자유롭게 몸을 움직일 수 있고, 무거운 물건도 들어 올릴 수 있어요. 우리 몸의 놀라운 움직임은 바로 이런 과학적 원리에서 비롯된다는 것이랍니다.

▲ 우리 몸이 자유롭게 움직이고 무거운 물건을 들어올리는 것은 지렛대의 원리 덕분이에요

주요 읽기

1 지렛대   2 받침점   3 작용점   4 힘점

★ 새로 알게 된 낱말이나 어려운 낱말을 낱말을 써 보세요.

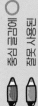

20~21쪽

1 ⑤ 2 ③ 3 (3)○ 4 (1)㉡, 병따개 (2)㉣, 무거운 5 (3)○
6 인재 7 예시 답안 참고

세부 내용 파악하기

1 2종 지레의 원리는 발레리나가 발끝으로 서서 체중을 견딜 때 적용된다. 역도 선수가 자기 몸무게보다 무거운 바벨을 들어 올릴 때는 3종 지레의 원리가 적용된다.
①, ② 2문단에 우리 몸은 206개의 뼈와 이 뼈를 움직이게 하는 수많은 근육으로 이루어져 있다고 나온다.
③ 3문단에 지렛대는 무거운 물건을 쉽게 들어 올리게 해 주는 도구라고 나온다.
④ 4문단에 지렛대는 받침점, 힘점, 작용점의 위치에 따라 1종, 2종, 3종으로 구분한다고 나온다.

세부 내용 파악하기

2 우리 몸은 지렛대의 원리 덕분에 힘을 효율적으로 사용할 수 있어서 자유롭게 몸을 움직이고, 무거운 물건을 들어 올릴 수 있다.

어휘의 문맥적 의미 파악하기

3 머리를 앞뒤로 끄덕인다고 한 것을 통해 '머리가 '사람이나 동물의 목 위의 부분.'을 가리키는 말로 쓰였음을 알 수 있다.

어휘의 적절성 판단하기

4 ㉡ '병따개'는 '병따개'로, ㉣ '을'은 '무거운'으로 써야 한다. ㉠ '받쳐'와 ㉢ '잣거락'은 문맥에 맞고, 표기도 정확하다.

다른 사례에 적용하기

5 힘점이 받침점과 작용점 사이에 있게 되는 낚싯대는 3종 지레 원리의 예이다. 낚싯대를 사용하면 힘점인 손잡이를 조금만 움직여도 작용점인 낚싯대 끝의 이동 거리를 크게 할 수 있어서 물고기를 빠르게 낚을 수 있다.

다른 상황에 적용하기

6 3문단에서 지렛대의 힘점이 받침점에서 멀리 떨어질수록 작은 힘으로 큰 무게를 들어 올릴 수 있다고 하였다. 민재는 이러한 지렛대의 원리를 바르게 이해하지 못하고 힘점과 받침점, 받침점과 작용점의 거리가 달라져도 똑같은 힘을 받는다고 하였다.
• 강호: 받침점과 힘점 사이의 거리보다 받침점과 작용점 사이의 거리를 가깝게 하여 작은 힘으로 큰 힘이 필요한 일을 할 수 있도록 하는 것은 2종 지레이다. 호두를 까는 기구는 2종 지레의 원리가 사용된 예이다.
• 은우: 집게, 핀셋이나 젓가락 등을 이용해 물건을 들어 올릴 때는 3종 지레의 원리가 적용된다. 3종 지레는 들어 올려야 하는 무게보다 큰 힘이 필요하지만 빠르고 정교하게 일을 할 수 있다.

예시 답안

7 잘못 쓰인 어휘는 ㉤ '무릎'이다. 역도 선수가 '무릎을' 구부린다고 하였으므로, 신체의 일부분인 '무릎'을 써야 하는데 '힘들고 어려운 일을 참고 견디다.'라는 뜻을 지닌 '무릎(무릎쓰다)'으로 썼다.

😆	잘못 쓰인 어휘 '무릎'을 찾고, '무릎'과 비교하여 어휘의 적절성을 제대로 판단하여 썼습니다.
🙂	잘못 쓰인 어휘는 찾았으나 '무릎'과 비교하여 어휘의 적절성을 알맞게 판단하지 못했습니다.
😐	잘못 쓰인 어휘를 찾지 못했고, 어휘의 적절성에 대한 판단 내용도 알맞게 쓰지 못했습니다.

03 문장독해

3회독 ★ 내가 표시한 내용과 예시 답을 비교하며 읽어 보세요.

나라마다 다른 수어

- 설명 대상에 ○
- 문장 호응이 맞지 않는 부분에 〜〜
- 나라마다 다른 수어의 사례가 나타난 부분에 [　]

텔레비전 뉴스에서 중요한 정책을 발표하거나 공식적인 행사를 진행할 때 (수어) 통역하는 모습을 볼 수 있다. 손으로 표현하는 언어인 수어는 한국어와 동등한 자격을 가진 우리나라 공용어이다. 지난 2016년 한국수화언어법이 제정되어 수어는 국가나 공공 단체가 정식으로 사용하는 언어인 공용어가 될 것이다. 더불어 한글날(10월 9일), 점자의 날(11월 4일)과 같이 한국 수어의 날(2월 3일)도 법으로 정한 기념일이 되었다.

▲ 지난 2016년에 수어가 공용어가 되었고 한국 수어의 날도 기념일이 되었다.

수어는 '수화 언어'의 줄임말이다. 수화는 손동작을 말하고, 수어는 손의 움직임과 손의 모양, 손의 위치 그리고 표정까지 '수화'라는 방식으로 표현되는 언어의 형태를 말한다. 많은 사람이 수어가 세계 공용어일 거라고 생각한다. 그런데 세계 언어 정보를 취합하는 에스놀로그(ethnologue)에서 조사해 보니 전 세계의 수어는 159개나 되었다. 실제 수어는 등록된 개수보다 더 많은 것으로 알려져 있다.

▲ 수어는 세계 공용어가 아니다.

나라마다 수어가 다른 이유는 음성 언어가 나라마다 다른 이유와 비슷하다. 나라마다 다른 문화와 역사가 음성 언어에 영향을 준 것처럼 수어에도 영향을 주어 다른 용어와 표현, 문법을 만들었다. 그리고 전통문화와의 관련성이 수어의 형태나 용어에 영향을 주었다. 같은 한국어를 사용하지만 지역별로 억양이나 어휘에 차이가 있듯이 수어도 마찬가지이다. 또 수어는 자연적으로 생겨난 언어이기 때문에 수어를 사용하는 청각 장애인들의 장애 정도나 성별, 연령 등의 요소에 따라 다르게 발전했다.

▲ 수어는 여러 가지 원인으로 나라마다 다르게 발전했다.

수어는 나라마다 다르므로 수어를 사용하기 위해서는 그 나라의 수어를 익혀야 한다. [영어를 공용어로 사용하는 미국, 영국, 캐나다는 수어가 같을 것 같지만 무]

적 다르다. 예를 들어 '컴퓨터'를 수어로 나타낼 때 미국은 오른손의 엄지, 중지, 약지를 모아서 키보드 치는 모양을 나타내지만, 영국은 오른손의 엄지와 중지를 둥글게 붙여서 모니터를 가리킨다. 그리고 캐나다는 오른손을 밑로 젖히고 왼손의 손가락으로 화면을 터치하는 모양으로 나타낸다.

▲ 수어를 사용하려면 그 나라의 수어를 익혀야 한다.

수어가 공용어가 되기는 했으나 아직 수어에 대한 사회적 인식이 부족해 사회에서 제대로 자리 잡지 못하고 있다. 지역마다 사용하는 수어가 다르고 표준화된 수어를 가르쳐 주는 교재나 자료도 부족하다. 또한 청각 장애인을 위한 수어 교육 프로그램도 충분히 마련되어 있지 않다. 이런 상황이나 일반 학교에서의 수어 교육은 더욱 시행하기 어렵다. 공공 기관이나 의료 기관에서도 수어 통역 서비스를 충분히 제공하지 못해 청각 장애인의 사회 참여가 쉽지 않다. 수어를 공용어로 제정하는 것에 그친다면 청각 장애인들은 계속 교육과 사회로부터 소외될 것이다.

▲ 수어가 공용어가 되었지만 사회에서 제대로 자리 잡지 못하고 있다.

수어는 청각 장애인들이 의사소통 수단일 뿐만 아니라 나라의 문화적 표현 수단이자 다양성을 인정하고 보여 주는 언어이다. 흔히 언어를 배우는 일은 세계를 확장하는 일이라고 말한다. 수어가 우리 사회 곳곳에 자리 잡을수록 우리의 세계도 더욱 넓어질 것이다.

▲ 수어가 우리 사회 곳곳에 자리 잡을수록 우리의 세계도 더욱 넓어질 것이다.

★ 새로 알게 된 낱말이나 어려운 낱말의 뜻을 찾아 써 보세요.

_____

_____

_____

_____

_____

_____

구조 알기

1 공용어　　2 언어　　3 음성　　4 인식

1 ⑤　**2** ⑤　**3** 될 것이다, (2)○　**4** 서울어　**5** 민호　**6** ③

7 예시 답안 참고

내용 파악하기

1 4문단에서 미국, 영국, 캐나다가 영어를 공용어로 사용하고 있다는 것은 알 수 있지만 몇 개의 나라에서 영어를 공용어로 사용하는지는 알 수 없다.

세부 내용 파악하기

2 4문단에서 같은 언어인 영어를 공용어로 사용하는 미국, 영국, 캐나다는 수어가 같을 것 같지만 무척 다르다고 하였다.

① 1문단에 수어는 한국어와 동등한 자격을 가진 우리나라의 공용어라고 나온다.
② 3문단에 수어는 자연적으로 생겨난 언어라서 수어를 사용하는 사람들의 장애 정도나 성별, 연령 등이 요소에 따라 다르게 발전했다고 나온다.
③ 1문단에 수어가 공용어가 된 것과 더불어 한국 수어의 날도 별도로 정한 기념일이 되었다고 나온다.
④ 2문단에 실제 수어는 등록된 159개보다 더 많은 것으로 알려져 있다고 나온다.

호응이 어색한 부분 찾기

3 수어가 공용어가 된 것은 '지난 2016년'인 과거이므로 시간을 나타내는 말과 서술어 '될 것이다'의 호응 관계가 바르지 않다. 서술어 '될 것이다'를 '되었다'로 고쳐 써야 한다.

호응이 어색한 이유 파악하기

4 ⓒ이 어색한 이유는 동작을 당하는 주어와 서울어의 호응이 어색하기 때문이다. '청각 장애인들은'이 소외를 당하는 주어이므로, 서울어 '소외할 것이다'를 '소외될 것이다'로 고쳐 써야 한다.

문맥적 의미 추론하기

5 ⑦는 한국어와 수어가 다르지 않다는 뜻이므로, 수어도 한국어처럼 지역별로 방언과 사용하는 어휘에 차이가 있다는 뜻으로 이해할 수 있다.

언어의 특성 추론하기

6 ⓒ는 같은 의미를 나타내는 말인 '컴퓨터'를 수어로 나타낼 때 나라에 따라 서로 다르게 표현되는 특성을 보여 준다. 이와 같은 특성을 설명하고 있는 것은 언어의 자의성을 설명한 ③이다.

① 언어의 특성 중 역사성에 대한 설명이다.
② 언어의 특성 중 규칙성에 대한 설명이다.
④ 언어의 특성 중 창조성에 대한 설명이다.
⑤ 언어의 특성 중 사회성에 대한 설명이다.

예시 답안

7 (1) 인사를 드렸다.
(2) 친구와 도서관에 갈 것이다.
(3) 얼굴 정성에게 잡혔다.

	높임의 대상을 나타내는 말과 서울어의 호응, 시간을 나타내는 말과 서울어의 호응, 동작을 당하는 주어와 서울어가 호응되도록 문장을 세 문장을 모두 썼습니다.
	호응 관계가 알맞은 문장 2개와 서술어가 어색한 문장 1개를 썼습니다.
	호응 관계가 알맞은 문장 1개와 호응 관계가 어색한 문장 2개를 썼습니다.

04 이야기의 인상적인 부분

3회독 ★ 내가 표시한 내용과 예시 답을 비교하며 읽어 보세요.

노잣돈 갚기 프로젝트

- 등장인물에 ○
- 주인공이 처한 상황에 ~~~
- 주인공의 이승에서의 모습이 드러나는 부분에 [ ]

"200△년 6월 7일 1시 36분 (전동우)……. 본명 맨 앞에 있는 대로 시행했습니다 만……." / (저승사자)가 난처한 얼굴로 대답했다.
이 이야기의 주변 인물로 동우의 조력자임
"사주와 이름이 같아서 착각을 했단 말인가?"

▲ 동우가 저승사자의 착각으로 저승에 끌려왔다.

동우는 영문을 몰라 저승사자와 할아버지를 번갈아 보다 습에서 물었다.
"혹시 다른 세상에 이렇게 바뀐 거예요? 그럼 나 안 죽는 거지요?"
다른 사람과 이름과 사주가 같아서 저승에 끌려온 상황이 나타남
할아버지가 고개를 고덕였다. 동우는 환호성을 질렀다. 할아버지가 뭔가를 더 말했지만 귀에 들어오지 않았다. 동우는 저승사자를 따라 방을 나왔다.
"빨리 돌려보내 줘요." / "돌아가려면 노자가 있어야 해."

"노자요?" / 동우는 의아해서 물었다.

"여행 경비라고 할 수 있지. 죽은 자가 저승에 올 때는 당연한 거라 상관없지만 돌아갈 때는 노자를 내야만 이승행 버스를 탈 수 있어."

"왜요? 아저씨가 실수했는데 왜 내가 돈까지 내야 돼요?" / 동우는 울컥했다.
"그게 저승의 법칙이니까. 이승과 저승이 경계가 엄격하기 때문에 누구라도 저 승으로 돌아오면 이상 함부로 나갈 수는 없는 것이지."

"내가 오고 싶어서 왔어요? 나 도 없단 말이에요."

"걱정 마. 사람들이 태어나면 저승의 곳간에 생겨, 좋은 일을 하면 곳간에 저축 이 되는데 우린 그 저축을 쓰려는 거야. 네 곳간에서 노자를 꺼내 오기만 하면 되는 아주 간단한 일이야." <중략>

▲ 저승사자가 동우에게 이승으로 돌아가려면 노자가 있어야 한다고 일러 주었다.

"자, 네 곳간이다."

감감해서 아무것도 보이질 않았다. 동우는 고개를 들이밀자 곳간 안이 훤해졌 다. [곳간은 텅텅 비어 있었고 바에는 거미줄만 가득했다.]
이승에서 좋은 일을 하지 않은 모습이 나타남

"이럴 수가 아무것도 없다니, 믿을 수 없군, 이러면 이승으로 돌아갈 수가 없는 데." / 저승사자의 말에 동우 얼굴이 하얗게 질렸다.
저승 곳간이 비어 이승으로 돌아갈 수 없는 상황이 나타남

▲ 저승사자가 동우의 저승 곳간이 비어 이승으로 돌아갈 수 없다고 하자 동우가 겁에 질렸다.

"나는 안 죽는다면서요?" / 동우는 소리를 지르며 울었다.

"이제 어떡해요? 자에 치인 것도 억울한데, 엉엉. 엉엉엉."

"누가 [교통 신호도 지키지 않고] 차로 뛰어들래?"

"그건 김준희 잘못이에요. 개를 쫓아가다 그런 거라고요."

"돈을 빼앗으려던 것은 너잖아!" / 동우는 펄쩍 뛰었다.

["다른 애들이 못 괴롭히게 도와주는 대신 돈을 받기로 했다고요."] 그 사이서 나 아니었음 벌써 엄마 왔는 거였어요. 아저씨 때문에 나 죽은 거잖아요. 책임져요, 책임 지라고요!"

▲ 노자가 없어 이승으로 갈 수 없게 된 동우가 저승사자에게 책임을 지라며 소리쳤다.

저승사자는 동우를 한 번 보고 빈 곳간을 한 번 보고 동우를 한 번 보고 거울 을 한 번 보더니 길게 한숨을 내쉬었다.

"돌아가는 것도 문제지만 그 이후도 문제로군."

저승사자는 동우 팔을 잡았다. 동우는 당장이라도 저승으로 끌려갈 것 같아 저 승사자를 뿌리쳤다.

"방법이 없는 건 아니야. 노자를 빌려줄 테니 이승에 돌아가면 갚도록 해. 사람 이 죽으면 저승사장 중 임금 명이 대왕에게 순차대로 집 일씩 신판을 받아야해. 그 러니 죽은 지 사십구 일째 일제 되는 날까지 빌린 노잣돈을 갚기만 하면 돼."
저승사자의 도움으로 동우가 이승으로 돌아갈 방법을 찾은 상황이 나타남

▲ 저승사자가 동우에게 노자를 빌려줄 테니 이승으로 돌아가 갚으라고 했다.

독해력쑥쑥

1 저승사자 2 이승 3 곳간 4 노자

★ 새로 알게 된 낱말이나 어려운 낱말을 써 보세요.

_____

_____

_____

32-33쪽

1 ⑤　2 ㉮: 안도하는 마음 → ㉯: 무서운 마음　3 해설　4 ⑤
5 (1)○　6 은유　7 예시 답안 참고

내용 파악하기

1 동우와 사주와 이름이 같은 다른 아이를 데려와야 하는데, 자승사가의 실수로 동우가 자승으로 오게 되었다.

인물의 마음 파악하기

2 ㉮에서 동우는 자기가 안 죽는다는 사실에 마음이 놓였다가 ㉯에서 자승 굿간에 비어 이승으로 돌아갈 수 없다는 자승사가의 말을 듣고 무서움 때문에 얼굴이 하얗게 질렸다.

인상적인 부분을 찾는 방법 파악하기

3 이야기에 나오는 낱말의 정확한 뜻을 찾아보는 것은 이야기를 읽고 인상적인 부분을 찾는 방법과 관련이 없다. 기억에 남는 장면이나 공감되는 인물이 한 일, 마음에 남는 인물의 말을 찾으면서 인상적인 부분을 파악할 수 있다.

인물의 태도 파악하기

4 동우는 돈을 빼앗으려고 준회를 쫓아가려다 교통 신호를 지키지 않고 차도로 뛰어든 자신의 잘못을 인정하지 않고 준회와 자승사자만 원망하고 있다.
① 동우이 자승 굿간에 비어 있는 이유는 동우가 좋은 일을 하지 않아 저축이 되지 않기 때문이다. 동우가 저축을 하지 않고 도움을 냄비하는 모습은 나타나 있지 않다.
② 같은 실수를 반복하지 않으려고 노력하는 모습은 나타나 있지 않다.
③ 동우가 자기가 저하에 된 상황에 대해 다른 사람 탓만 하고 있다.
④ 책임감을 갖고 자기가 해야 할 일을 끝까지 하려고 하는 동우의 모습은 나타나 있지 않다.

인물의 삶 추론하기

5 ㉠을 통해 동우가 이승에 있을 때 좋은 일을 하지 않았음을 알 수 있으며, 자승사자와 주고받은 말을 통해 동우가 교통 신호를 지키지 않았다는 것과 다른 애들이 못 괴롭히게 순회를 도와주는 대신 순회에게 돈을 받았다는 것을 짐작할 수 있다.

감상의 적절성 파악하기

6 자승사자가 좋은 일을 하면 자승 굿이 된다고 하였으므로, 자승 굿간에 저축이 살아있게 차하게 살아있다고 한 은우의 다짐은 이 글을 읽고 난 후의 감상으로 알맞다.
• 경진: 자승사자가 이승으로 돌아가는 방법을 찾았으며, 동우가 좋은 일을 하지 않아 자승 굿간에 비어 있었기 때문에 급이 이승으로 돌아올 수 없었으므로 경진의 감상은 알맞지 않다.
• 효주: 이승과 자승이 경계가 엄연하게 자승에 잘못 가더라도 함부로 나올 수 없으므로 효주의 감상은 알맞지 않다.
• 재현: 자승사자가 동우에게 빌린 노잣돈을 자승이 아닌, 이승에 동이가서 갚으라고 하였으므로 재현의 감상은 알맞지 않다.

7 예시 답안

이 이야기에서 인상적인 부분은 자승사자가 이승에서 좋은 일을 하면 자승 굿간에 저축이 된다고 말하는 장면이다. 그 부분을 고른 이유는 내 자승 굿간이 비어 있을까 봐 걱정이 되었고, 자승 굿간을 채우기 위해 살아 있을 때 좋은 일을 많이 해야겠다고 다짐하게 되었기 때문이다.

:D	이야기에서 인상적인 부분을 고르고 그 부분을 고른 까닭을 알맞게 썼습니다.
:)	이야기에서 인상적인 부분을 골랐지만 그 부분을 고른 까닭을 알맞게 쓰지 못했습니다.
:(	이야기에서 인상적인 부분을 고르지 못해 그 까닭도 쓰지 못했습니다.

05 근거 자료의 타당성

3회독 ★ 내가 표시한 내용과 해설 답을 비교하며 읽어 보세요.

행복은 크기보다 빈도가 중요하다

- 글쓴이의 주장에 ◯
- 주장에 대한 근거에 〰
- 글쓴이의 답변에 [ ]

여러분은 어떨 때 행복한가요? 좋아하는 친구와 놀이터에서 신나게 놀 때 행복한가요? 아니면 생일에 비싼 게임기를 받았을 때 행복한가요? 많은 사람이 로또 당첨이나 금메달 수상 같은 일을 겪을 때 느낄 수 있는 큰 행복을 중요하게 생각해요. 그런데 정말 크기가 클수록 행복할까요? 저는 (행복은 크기보다 빈도가 중요하다)고 생각해요.

근거① 글쓴이의 주장

▲ **주장: 행복은 크기보다 빈도가 더 중요해요.**

그 이유는 큰 행복이든 작은 행복이든 그것을 느꼈을 때의 기억이 사라지기 때문이에요. 많은 비용과 시간을 들여서 간 유럽 여행이나 부산 여행이나 일정한 시간이 지나면 둘 다 잊혀요. 심지어 오랫동안 노력해서 시험에 합격했을 때 느낀 행복, 큰 대회에서 상을 받았을 때의 행복도 시간이 지나면 사라지지요. 이렇게 행복한 감정이 금방 사라지는 까닭은 생존을 위해서예요. 어제 음식을 먹었을 때의 행복감이 계속되면 오늘 음식을 먹지 않아 영양분을 채울 수 없을 것이고, 어떤 일을 통해 얻은 행복감이 오래가면 사람들은 다음 목표를 세우지 않을 거예요. 그래서 행복한 감정은 단기적인 목표 달성 후 사라져 버리는 거예요. 이런 운 시험에 합격하는 것, 4년 동안 열심히 운동해서 금메달을 따는 것, 20년 동안 돈을 모아서 집을 사는 것 등의 결과보다 중요한 것은 그 과정에서 작은 행복을 느끼고, 그것을 이루거나 얻은 뒤에 하루하루를 행복하게 사는 것이에요.

▲ **작은 행복을 자주 느끼고 하루하루를 행복하게 사는 게 중요해요.**

또 다른 이유는 작은 행복을 자주 경험하는 것이 삶의 만족도를 높이기 때문이 근거② 에요. 미국의 심리학자인 마틴 셀리그먼은 작은 긍정적인 경험이 사람들 출처가 분명해 믿을 수 있는 자료임. 의 전반적인 행복에 큰 영향을 미친다는 연구 결과를 2011년에 발표했어요. 셀리 그만의 연구에 따르면 매일 세 가지 좋은 일을 기록하는 사람들이 그렇지 않은 사람들보다 더 큰 행복과 낮은 스트레스를 경험한다고 해요. 또 2012년에 영국에서

영국 국민 1000명을 대상으로 한 설문 조사에 따르면, 작은 행복을 자주 경험하 조사 대상의 수가 적절해 믿을 수 있는 자료임. 는 사람들이 큰 행복을 가끔 경험하는 사람들보다 더 높은 삶의 만족도를 느낀다고 해요. 가족과 함께 저녁을 먹을 때, 친구와 즐거운 시간을 보낼 때 행복을 느끼고 이런 행복 횟수가 쌓일수록 더 행복해진다는 거예요.

▲ **작은 행복을 자주 경험하면 삶의 만족도가 높아지죠.**

『안네의 일기』에는 독일 나치의 학살을 피해 은신처에 갇혀 있던 사람들이 그곳을 나가면 하고 싶은 일을 이야기하는 장면이 나와요. 안네의 친언니인 마고트는 이웃의 반 아저씨가 쓰는 뜨거운 물을 넘치게 받아 놓고 30분 동안 목욕을 하고 싶다고 해요. 반 단 아줌마는 당장 집에 달려가 크림케이크를 먹고 싶다고 하고, 엄마는 뜨거운 커피 한 잔을 마시고 싶다고 하지요. 이런 것들은 모두 거창한 바람이 아니에요. 모두 은신처로 오기 전 평범한 일상에서 작은 행복감을 얻었던 일들이에요. 실제로 행복한 기억이 많은 사람들이 그 일들을 더 간절히 하고 싶어 했다고 해요.

▲ **평범한 일상에서 작은 행복을 느낄 수 있어요.**

그러니까 [일상에서 소소한 행복이 기억을 많이 쌓는 것이 중요해요.] 행복의 빈도를 높일 것을 당부함. 빈도를 높이기 위해 작은 행복들을 발견하고, 순간순간에 감사하고, 주변 사람들과 좋은 관계를 유지해야 하지요. 언제 올지 모를 미래의 큰 행복을 기다리다 매일의 작은 행복을 놓치지 않는다면, 우리의 삶은 언제나 행복으로 가득 찰 거예요.

▲ **행복의 빈도를 높이면 언제나 행복할 수 있어요.**

요약하기

1 빈도 **2** 시간 **3** 작은

★ 새로 알게 된 낱말이나 어려운 낱말을 써 보세요.

1 (3) ○　2 ②, ③　3 ②　4 ⓔ　5 로미　6 예시 답안 참고

중심 내용 파악하기
1 이 글에서 글쓴이는 행복의 크기와 빈도 중 무엇이 더 중요한지에 대한 의견을 말하고 있다.

근거 파악하기
2 글쓴이는 행복의 크기보다 빈도가 중요하다고 주장하며 큰 행복이든 작은 행복이든 시간이 지나면 그 행복에 대한 기억이 사라지며, 작은 행복을 자주 경험하면 삶의 만족도가 높아져 더 행복해진다는 근거를 제시하였다.

근거 자료의 타당성 파악하기
3 주장에 따른 근거 자료를 판단할 때 자료의 양이 많다고 해서 근거 자료로 타당한 것은 아니다.
①, ③, ④, ⑤ 근거 자료가 타당한지 판단할 때는 믿을 수 있는 자료인지, 최신 자료인지, 자료가 근거의 내용과 관련이 있는지, 출처가 분명한지 확인해야 한다.

근거의 타당성 파악하기
4 ⓔ는 행복은 크기보다 빈도가 중요하다는 글쓴이의 주장과 밀접한 관련이 있으며, 출처가 정확하고 믿을 만한 자료이다. 따라서 글쓴이의 주장을 뒷받침하기 위해 이 글에 추가할 수 있다.
㉠ 일부 가족의 자료이므로 믿을 만한 근거 자료라고 할 수 없다.
㉡ 글쓴이의 주장과 관련이 없는 자료이다.
㉢ 주장과 밀접한 관련이 없으며 우리 반 친구들을 대상으로 조사한 자료이므로 조사 대상이 적절하다고도 볼 수 없다.

적용하기
5 글쓴이는 행복은 크기보다 빈도가 중요하며 작은 행복을 자주 경험해야 더 행복해질 수 있으므로 일상에서 소소한 행복의 기억을 많이 쌓는 것이 중요하다고 말하고 있다. 따라서 글쓴이의 당부를 실천한 친구는 일상에서 느끼는 작은 행복을 소중하게 생각하고 매일 행복한 기억을 떠올리고자 하는 로미이다.

예시 답안
6 글쓴이는 작은 행복을 자주 경험하는 것이 삶의 만족도를 높인다는 근거를 제시했는데, 이 근거는 타당하다. 큰 행복보다 자주 작은 행복을 경험하는 것이 중요하다는 글쓴이의 주장과 밀접한 관련이 있기 때문이다. 또, 심리학자의 연구 결과와 실내와 영구에서 실시한 설문 조사 결과는 이 글의 근거를 뒷받침하는 자료로 알맞다. 작은 행복이 자주 일어나야 삶의 만족도가 높아진다는 근거의 내용과 관련이 있고, 믿을 수 있는 자료가 분명하기 때문이다.

 근거와 근거 자료의 타당성 모두 알맞게 판단하여 썼습니다.

 근거와 근거 자료의 타당성을 알맞게 판단하고 타당성을 판단한 기준을 썼지만 타당성 판단 기준 중 일부가 알맞지 않습니다.

 근거와 근거 자료의 타당성에 대한 판단이 알맞지 않고 타당성을 판단하는 기준을 제시하지 못했습니다.

06
시의 어조

- 중심 글감에 ○
- 시의 어조에 ~
- 말하는 이의 태도가 드러난 부분에 [ ]

3 회독

가 낙타

중심 글감

1연~2연
[저런,
등에
혹이
두 개씩이나?]
낙타의 등에 난 혹을 부정적으로 보고 안타까워함.

사막을 타박타박
무겁겠다 애
낙타의 혹이 무거울 거라고 부정적으로 생각함.

3연~4연
[아니야,
이건
내 도시락인걸!]
자신의 혹을 도시락이라고 긍정적으로 생각함.

타박타박 사막아
[즐겁단다 애]
사막을 건너는 것을 즐겁게 느낌.

1연~2연
낙타를 바라보는 이가 등에 혹이 두 개나 있는 낙타가 안쓰러워 낙타에게 사막을 건들 때 무거울 것 같다고 말한다.

3연~4연
낙타가 혹은 자기 도시락이며 사막을 건는 것은 즐겁다고 답한다.

구조 알기
1 낙타 2 도시락

나 바람

1연~2연
[바람,
바람,
바람,
바람,
너는 내 귀가 좋으냐?
너는 내 코가 좋으냐?
너는 내 손이 좋으냐?

3연~5연
내사 왼통 빨개졌네.
[내사 아무짓도 않다.]
바람 때문에 빨개진 얼굴을 '내'가 긍정적으로 여기며 씩씩하게 말함.
호호 추워라 구보로!

1연~2연
'내'가 혼잣말로 바람을 부르고 바람에게 내 귀와 코와 손 중에 무엇이 좋냐고 묻는다.

3연~5연
'나는 바람 때문에 얼굴이 온통 빨개진 것이 아무렇지도 않다고 말했지만 추워서 달려간다.

구조 알기
3 바람 4 구보

★ 새로 알게 된 낱말이나 어려운 낱말을 써 보세요.

1 ①, ③　**2** (4)○　**3** ㉠, ㉢　**4** ①　**5** (2)○　**6** 연수
7 예시 답안 참고

말하는 이의 특징 파악하기

1 시 ㉮에서 말하는 이는 '낙타'를 보고 있는 사람이고, 3, 4연의 말하는 이는 '낙타'이므로 시 ㉮의 말하는 이는 두 명이다. 시 ㉯에서 말하는 이는 시적 대상인 '바람'에게 자신의 귀와 손 중에서 무엇이 좋으냐며 질문하고 있다.

내용 파악하기

2 시 ㉯에서 아이는 차가운 바람 때문에 눈과 귀와 손이 온통 빨개졌지만 자기는 아무렇지도 않다고 말하였다.
(1), (2) 시 ㉮의 도시락은 낙타가 자기의 '혹'을 빛대어 표현한 것으로 낙타를 멘는 것을 즐겁게 여기고 있다.
(3) 시 ㉯에서 차가운 바람 때문에 말하는 이의 얼굴이 온통 빨개졌다는 것은 알 수 있지만, 말하는 이가 바람 때문에 감기에 걸렸는지는 알 수 없다.

시의 어조 파악하기

3 시 ㉮의 ㉠ '두 개씩이냐?'와 ㉢ '무겁겠다 왜'에는 등에 혹을 두 개나 달고 사막을 걸어야 하는 낙타의 처지를 안 좋게 생각하는 말하는 이의 부정적인 어조가 드러난다.
㉢, @ 낙타가 자기 등에 있는 혹과 그 혹을 달고 사막을 걸을 걸어야 하는 자신의 처지를 긍정적으로 받아들이는 어조가 드러난다.

시의 어조 파악하기

4 시 ㉯에서 말하는 이는 추운 날 바람을 맞으면서도 바람에게 아무렇지도 않다고 말하고 있으므로 씩씩하고 밝은 어조로 낭송하는 것이 알맞다.

말하는 이의 삶의 태도 파악하기

5 시 ㉮에서 낙타는 등에 혹을 달고 사막을 걸어야 하는 상황을 즐겁게 받아들이는 긍정적인 삶의 태도를 보이고 있다. (2)에서도 낡은 옷을 입었지만 춥지 않다며 상황을 긍정적으로 받아들이는 삶의 태도가 드러난다.

감상의 적절성 파악하기

6 시 ㉯의 '내사 아무치도 않다'는 바람이 아니라 말하는 이가 한 말이다. 이 말에서는 추운 바람을 이겨 내고자 하는 말하는 이의 씩씩함을 느낄 수 있다.
• 경수: 말하는 이가 바람을 사람처럼 대하며 자기의 귀, 코, 손 중에 무엇이 좋으냐고 묻고 있다.
• 민호: '휭 휭 호르는' 흉내 내는 말을 써서 바람의 차가움을 생생하게 표현하고 있다.
• 지현: 바람이 말하는 이의 손에 닿은 느낌을 말하는 이가 바람에게 자신의 손을 호호 불어야 한다고 표현하고 있다.

7 예시 답안 급간: 친구 / 어조: 긍정
방긋 미소 짓는 그 얼굴이 / 나를 기분 좋게 한다.
반가운 얼굴에 / "친하게 지내자!" / 먼저 웃었을 거야.

급간: 소풍 / 어조: 긴장

급간: 딸님, 딸님 / 내일 아침 해님을 붙여 주세요 / 하루 종일 웃으며 인사해 주세요.
별님, 별님 / 내일 아침 구름을 개워 주세요 / 하루 종일 자장가 불러 주세요.

	선택한 급간과 어조가 잘 드러나게 시를 썼습니다.
:)	선택한 급간과 어조로 시를 썼으나 선택한 어조가 알맞게 드러나지 못했습니다.
	선택한 급간과 어조로 시를 쓰지 못했습니다.

3회독 ★ 내가 사진 교과서를 따라 읽어 보세요.

07 비교와 대조

지구형 행성과 목성형 행성

낱말로 요약하기

- 설명 대상에 ○
- 설명 대상들의 공통점과 차이점에 ～
- 행성과 행성의 차이점에 [ ]

★ 새로 알게 된 낱말이나 어려운 낱말을 써 보세요.

광활한 우주 가운데 우리 은하가 있고 우리 은하의 가장자리에 태양계가 있고, 태양계는 '수성, 금성, 지구, 화성, 목성, 토성, 천왕성, 해왕성' 8개의 행성이 태양을 중심으로 돌고 있습니다. 태양계의 중심이 되는 태양은 지구에서 가장 가까운 항성입니다. 항성은 [태양이나 밤하늘의 별처럼 스스로 빛을 낼 수 있는 천체]입니다. [···] 이런 항성의 주위를 돌며 [스스로 열이나 빛을 내지 못하는 천체]는 행성입니다.

▲ 태양계는 항성인 태양과 그 주위를 도는 8개의 행성으로 이루어져 있습니다.

천문학 연구와 교류를 촉진하기 위해 1919년에 만들어진 국제 천문 연맹은 2006년 행성의 기준을 정의했습니다. 국제 천문 연맹이 정한 행성의 기준에 따르면 행성은 [태양 주위를 공전하고, 구형에 가까운 모양을 유지하며, 궤도 주변에서 지배적인 천체여야 합니다. 그리고 다른 행성의 위성이 아니고, 궤도 주변에서 지배적인 천체여야 합니다.] 궤도 주변에서 지배적인 천체가 아닌 점로 방출로 방출된 명왕성은 이제 때 양계 행성에서 제외되었습니다. 남은 여덟 개의 행성은 [지구형 행성과 목성형 행성]으로 나뉩니다.

▲ 지구형 행성과 목성형 행성은 공기 성분과 구성에 밀도가 다릅니다.

행성은 태양 주위를 공전하고, 구형에 가까운 모양을 유지하고, 다른 행성의 위성이 아니며, 궤도 주변에서 지배적인 천체여야 합니다.

지구형 행성과 목성형 행성은 위치와 크기에 따라 나뉩니다. 지구형 행성은 금성, 지구, 화성을 말합니다. 그리고 목성형 행성은 항성인 태양에 가까이 있는 수성, 금성, 지구, 화성입니다. 지구형 행성은 수성, 금성, 지구, 화성입니다. 목성형 행성은 목성, 토성, 천왕성, 해왕성입니다. 지구형 행성에 비해 무척 큽니다.

성은 크기에서 가장 작은 해왕성도 지름이 지구의 네 배 정도입니다. 목성형 행성 중 크기가 가장 작은 해왕성도 지름이 지구의 네 배 정도입니다.

▲ 지구형 행성과 목성형 행성은 위치와 크기에 따라 나뉩니다.

지구형 행성과 목성형 행성은 구성과 밀도에서도 차이가 납니다. 지구형 행성은

차이점②

크기가 작지만 단단하고 밀도가 높습니다. 그 이유는 지구형 행성이 암석이나 금속과 같이 밀도 높은 물질로 이루어져 있기 때문입니다. 지구형 행성의 평균 밀도는 목성형 행성보다 3배가량 높은 것으로 알려져 있습니다. 반면에 목성형 행성은 크기가 커서 질량은 크지만 단단하지 않고 밀도가 낮습니다. 그 이유는 목성형 행성이 태양이 가벼운 물질인 수소, 헬륨, 얼음 등으로 이루어져 있기 때문입니다.

▲ 지구형 행성과 목성형 행성은 구성과 밀도가 다릅니다.

차이점③

지구형 행성과 목성형 행성은 공기 성분과 모양, 위성의 수도 다릅니다. 지구형 행성의 공기는 산소, 질소, 이산화 탄소, 수증기가 주를 이루고 있습니다. 지구형 행성은 자전 속도가 느려서 대부분 완전한 구 형태이며 고리가 없습니다. 그리고 행성 주변을 돌고 있는 위성의 수가 적습니다. 목성형 행성의 공기 성분은 가벼운 수소와 헬륨이 주를 이룹니다. 목성형 행성은 아주 빠르게 자전하는데 그 자전 속도 때문에 위아래로 약간 눌린 구 형태를 띠고 있습니다. 그리고 회전 속도가 아주 빠르기 가스 등이 행성으로 빨려 들어가지 않고 행성 바깥에서 고리를 이루고 있습니다.

▲ 지구형 행성과 목성형 행성은 공기 성분의 모양, 위성의 수도 다릅니다.

우주는 아직 크기나 그 끝이 밝혀지지 않은 미지의 영역입니다. 지금도 우주, 우리 은하, 태양계에 대한 탐사와 연구가 계속되고 있습니다. 행성의 크기, 질량, 밀도 등의 공통점과 차이점은 행성의 특징을 이해하는 데 중요한 요소입니다. 행성에 대해 새롭게 알게 될 지식은 우주를 이해하고, 우주 연구에 대한 관심을 키우는 데 출발점이 될 것입니다.

▲ 행성에 대한 지식은 우주에 대한 이해와 관심을 높이는 출발점이 될 것입니다.

확인하기

1 행성 **2** 태양 **3** 지구형 **4** 목성형

1 (2)○, (3)○　**2** ⑤　**3** ④　**4** 지구형 행성: ⓒ, ⓔ / 공통점: ㉠ /
목성형 행성: ⓒ, ⓜ　**5** 은제　**6** 예시 답안 참고

설명 대상 파악하기

1 이 글에서는 태양계의 8개 행성을 지구형 행성과 목성형 행성으로 나누어
이들의 공통점과 차이점을 설명하고 있다.

세부 내용 파악하기

2 궤도 주변에서 지배적인 천체가 아닌 걸로 밝혀진 명왕성은 2006년 국제
천문 연맹이 정한 행성의 기준에 맞지 않아 태양계의 행성에서 제외되었다.

① 1문단에 태양계는 항성 1개와 그 주위를 돌고 있는 8개의 행성으로 이루어져 있다고 나온다.

② 6문단에 우주는 아직 크기나 그 끝이 밝혀지지 않은 미지의 영역이라고 나온다.

③ 2006년 국제 천문 연맹에서는 항성이 아니라 행성의 기준을 정의하였다.

④ 태양계는 우리 은하의 가장자리에 있으므로 태양이 우리 은하의 중심이라고 할 수 없으
며, 태양은 지구에서 가장 가까운 항성이다.

설명 방법 파악하기

3 이 글에서는 지구형 행성과 목성형 행성을 견주어 그 두 대상의 공통점과
차이점을 자세히 설명하였다.

중심 내용 정리하기

4 ㉠은 국제 천문 연맹이 정한 행성의 기준으로 지구형 행성과 목성형 행성
의 공통점이다. ⓒ, ⓒ, ⓔ, ⓜ은 지구형 행성과 목성형 행성의 차이점인데
ⓒ과 ⓔ은 지구형 행성의 특징, ⓒ과 ⓜ은 목성형 행성의 특징이다.

다른 상황에 적용하기

5 이 글의 1문단에서 행성은 항성과 달리 스스로 열이나 빛을 내지 못하는 천
체라고 하였으므로 새로 발견된 외계 행성이 항성이 별처럼 스스로 빛을
내겠다고 한 은제는 주어진 기사의 내용을 제대로 이해하지 못했다.

• 민아, 수지: 2문단에서 행성은 구형에 가까운 모양을 유지하며, 다른 행성이 위성이 아니라
고 하였으므로 외계 행성이 다른 행성의 위성이 아니고, 구형에 가까운 모양을 유지했다
고 말한 민아와 수지는 주어진 기사의 내용을 바르게 이해하였다.

6 예시 답안　• 설명 대상: 개와 고양이

• 설명 대상의 공통점: 반려동물이자 포유동물임.

• 설명 대상의 차이점: 개는 주로 낮에 활동하고, 고양이는 밤에 활동함.

😆	두 대상의 공통점과 차이점을 모두 정리하여 썼습니다.
🙂	두 대상을 비교하였으나 공통점과 차이점 중 한 가지만 정리하여 썼습니다.
🙁	두 대상을 비교하였으나 공통점이나 차이점을 정리하여 쓰지 못했습니다.

08

뉴스의 타당성

- 누스의 소재에 ◯
- 타당성 있는 누스를 만들기 위해 취재한 내용에 ⌒⌒
- 누스 보도의 목적이 드러난 부분에 [ ]

★ 새로 알게 된 낱말이나 어려운 낱말을 써 보세요.

---

3 회독 ★ 내가 표시한 내용과 예시 답을 비교하며 읽어 보세요.

청소년만 들을 수 있는 고주파 스피커의 비밀

진행자: 경기 고양경찰청이 청소년의 안전과 청소년 범죄 예방을 위해 고양시의 공중화장실 곳곳에 '흠키망 스피커'를 설치했습니다. 이것은 청소년들만 들을 수 있는 (고주파가 재생되는 스피커)입니다. 늦은 시간 화장실에 이유 없이 오랫동안 머물거나 방황하는 청소년들에게 '삐' 소리가 나는 고주파 음향을 들려주어 청소년들이 자연스럽게 밖으로 나가도록 유도하는 것입니다. 어떻게 이런 일이 가능한지 스피커의 비밀을 앞아보겠습니다.

▲ 고주파가 재생되는 스피커의 비밀을 알아보겠습니다.

기자: 사실, 고주파 스피커가 이번에 처음으로 도입된 것은 아닙니다. 2005년 영국의 한 발명가 업체에서 가장 많은 공해를 내뿜는 10대들을 내쫓기 위해 그들에게만 들리는 듣기 싫은 고주파 소리를 내보내면서 처음 등장했습니다. 이후 국내의 한 업체가 선생님은 듣지 못하고 10대들만 들을 수 있는 벨 소리인 '틴벨'을 내놓았고, 그 벨 소리가 수업 분위기를 흐리는 방해꾼이 되기도 했습니다. 이처럼 고주파 소리는 특정 연령층을 대상으로 소리를 제어하려는 곳에 활용도를 놓이거나 특정 연령층만 사용 가능한 상품을 만드는 데 이용되었습니다. 그렇다면 이러한 고주파 스피커는 어떻게 작동하는 것일까요? 고주파 스피커의 비밀을 알기 위해 ◯◯대학교 물리학과 교수를 만났습니다.

▲ 이젠네 고주파 스피커는 특정 연령층을 대상으로 소리를 제어하는데 사용되었습니다.

물리학과 교수: 고주파 스피커의 비밀은 바로 소리의 주파수에 있습니다. 소리는 물체가 떨리면서 생기는데, 이 소리의 떨림을 '진동'이라고 합니다. 그리고 진동이 얼마나 자주 일어나는지를 '주파수'라고 합니다. 사람이 귀로 듣는 특정 범위의 주파수를 들을 수 있습니다. 이 범위를 '가청 주파수'라고 합니다. 보통 사람은 20Hz에서 20,000Hz 사이의 소리를 들을 수 있습니다. 하지만 나이가 들수록 가청 주파수 영역대가 좁아들어 어른들은 높은 주파수의 소리를 잘 듣지 못

하고 청소년들은 상대적으로 높은 주파수 소리를 잘 듣습니다. 10대 청소년은 약 1만 9,000Hz의 고주파 소리까지 들을 수 있다고 합니다.

▲ 고주파 스피커의 비밀은 나이에 따라 가청 주파수가 다르다는 점에 있습니다.

기자: 흠키망 스피커는 바로 이 점을 이용합니다. 실제로 고주파 스피커는 약 17,000Hz 이상의 높은 주파수 소리를 내보냅니다. 어른들은 이 소리를 듣지 못하지만, 청소년들은 이 소리를 듣고 불편함을 느낍니다. 그래서 청소년들이 자연스럽게 그 장소에서 벗어나게 되는 것입니다.

하지만 흠키망 스피커 설치에 반대하는 사람들도 많습니다. 하부모 단체에서는 고주파 스피커가 청소년의 청력에 악영향을 미칠 수 있다며 우려의 목소리를 내고 있고, 청소년 단체에서는 특정 시간대 특정 집단의 사용을 제한한다는 점에서 청소년 차별이라고 주장하고 있습니다.

▲ 높은 주파수 소리를 내는 흠키망 스피커 설치를 반대하는 사람들도 있습니다.

진행자: [오늘은 청소년만 들을 수 있는 고주파가 재생되는 스피커의 비밀에 대해 알려 드렸습니다. 이 스피커는 소리의 주파수와 사람의 나이에 따른 가청 주파수의 차이를 이용한 것입니다. 어떤 기술이든 항상 긍정적으로만 사용되는 것은 아닙니다. 때로는 사람들을 불편하게 하거나 소외시키는 방법으로 사용될 수도 있습니다. 그래서 이 기술이 앞으로 어떻게 사용될지 우리 사회가 관심을 가지고 지켜보아야 하겠습니다.]

▲ 기술이 항상 긍정적으로 사용되는 것은 아니므로 우리 사회가 관심을 가지고 지켜봐야 합니다.

구조알기

1 고주파   2 나이   3 관심

1 ② **2** ⑤ **3** (2)○ **4** ⑤ **5** ⑤ **6** ⑤
7 예시 답안 참고

세부 내용 파악하기
1 고주파 스피커가 내보내는 17,000Hz 이상의 소리가 고주파에 해당하며, 어른들은 이런 고주파 소리를 잘 듣지 못하고 청소년들은 상대적으로 잘 듣는다. 따라서 늦은 밤에만 고주파 소리를 들을 수 있는 것은 아니다.
① 소리는 물체가 떨리면서 생기고 이 소리의 떨림을 진동이라고 한다.
③ 진동이 얼마나 자주 일어나는지를 주파수라고 한다.
④ 어른들은 가청 주파수의 영역이 좁아들어 청소년들에 비해 고주파 소리를 잘 듣지 못한다.
⑤ 보통 사람은 20Hz에서 20,000Hz 사이의 소리를 들을 수 있다.

내용 파악하기
2 '홈키망 스피커'는 고주파 소리를 내보내는데 이는 청소년들이 높은 주파수 소리에 불편함을 느낀다는 점을 이용해 만든 것이다.

뉴스의 타당성 파악하기
3 보기에서는 이 뉴스의 타당성을 판단하기 위해 보도 자료의 출처가 분명하고 믿을 만한것인지를 따져 보고 있다. 이 뉴스는 고주파 스피커의 작동 원리를 설명하기 위해 그 분야의 전문가인 물리학과 교수와의 인터뷰 내용을 제시하였으므로 타당하다고 할 수 있다.

타당성을 높이는 방법 파악하기
4 홈키망 스피커 설치에 반대했던 사람들을 만나 면담을 하여 보도하면 뉴스의 타당성을 높일 수 있다.

① 뉴스의 타당성을 높이려면 예측이 아니라 사실임을 확인하고 검증한 뒤 보도해야 한다.
② 진행자가 보도 내용에 대해 개인적 의견을 제시하면 뉴스의 타당성을 높일 수 없다.
③, ④ 홈키망 스피커로 느낀 편안함의 정도는 알맞지 않은 내용이고, 홈키망 스피커를 설치한 업체에 관한 정보가 취재는 중요한 내용이 아니므로 뉴스의 타당성을 높이기 위해 할 일로 알맞지 않다.

제목 추론하기
5 제목에는 뉴스를 보도한 이유와 목적이 포함되어야 한다. 이 뉴스에서는 홈키망 스피커 설치 소식을 전하며, 청소년만 들을 수 있는 고주파 스피커의 작동 원리 즉, 고주파 스피커에 담긴 소리의 비밀에 대해 알려 주고 있다.

추가 자료의 적절성 파악하기
6 가청 주파수가 연령별로 다르다는 내용을 보도하고 있으므로 연령별 가청 주파수 영역을 시각적으로 보여 주는 실습 자료를 활용하는 것이 알맞다.

7 예시 답안
• 이 뉴스는 최근 설치된 '홈키망 스피커'의 원리를 보도하면서 전문가인 물리학과 교수와 인터뷰한 내용을 제시하고 있으므로 타당하다.
• 이 뉴스에서는 청소년만 들을 수 있는 스피커의 비밀을 보도하면서 이런 스피커가 도입된 이유, 소리의 원리처럼 뉴스의 내용을 뒷받침하는 정보를 제시하고 있으므로 타당하다.

😄	뉴스의 타당성에 대한 판단을 쓰고, 그렇게 판단한 이유를 알맞게 썼습니다.
🙂	뉴스의 타당성에 대한 판단을 쓰고, 그렇게 판단한 이유를 썼지만 타당성을 판단한 근거의 일부가 알맞지 않습니다.
🙁	뉴스의 타당성을 판단하여 쓰지 못했습니다.

09

이어질 내용 예측하기

3회독 촌놈과 떡장수

★ 내가 표시한 내용과 내용에서 답을 비교하며 읽어 보세요.

- 중심 인물에 ○
- 일이 일어난 장소에 〰️
- 갈등이 고조된 시간에 [ ]

주인아저씨 말대로 17번 자리로 가던 ①나는 멈칫하고 멈춰 섰어요. 우리 반 장수가 16번에 앉아 있었기 때문입니다. 공부도 잘하고 아이들한테 인기가 좋은 장수를 가난한 우리 동네 피시방에서 만난 건 좀 뜻밖이었어요. 나 / "어? 조, 촌놈 아나? 너 이 동네 사나?" / 날 본 장수가 깜짝 놀랐어요. 나는 말없이 고개만 끄덕이고 자리에 앉아 게임을 시작했습니다.

"어? 게임 잘하는네, 나랑 같이 할래?"

나는 장수의 말이 믿기지 않았어요. 별 볼일 없는 아이들도 날 보면 촌놈이라고 놀리며 무시하는네 장수 같은 아이가 게임을 같이 하자니까요. 나는 간신히 고개를 끄덕였어요. 한 시간이 눈 깜짝할 새 감쪽같이 지나가고 받았습니다. (중략)

▲ 나는 동네 피시방에서 우연히 만난 장수와 함께 게임을 하였습니다.

장수를 교문 앞에서 만났습니다. 장수는 동준이와 걸어가고 있었어요. 다른 아이들에게도 우리가 친구 사이인 걸 알려 주고 싶었습니다.

"장수야, 장수야!" / 장수와 동준이가 돌아보았습니다. 난 신주머니를 휘두르며 뛰어갔지요. 하지만 장수의 얼굴을 보는 순간, 나는 큰 잘못을 저지른 것처럼 얼굴이 화끈 달아올랐습니다. 장수가 날 바라보는 눈빛 때문이었습니다. 이제 피시방에서 함께 게임을 한 것이 꿈이었나 하는 착각이 들 만큼 날 무시하는 눈빛이었습니다.

동준이가 나와 장수를 번갈아 보았습니다. 나는 점점 눈 둘 데가 없어졌습니다.

"촌놈이 무슨 일로 날 부르나?"

비웃음까지 담고 있는 장수를 보자 모욕당한 기분이 들었습니다. 장수 앞에서 발걸음을 돌리는데, 문득 내가 아이들과 어울려 웃고 떠들 때 연필칼에서 나를 바라보던 광식이의 눈길이 떠올랐습니다. 한 명이라도 함께 놀 친구가 있었으면 자기를 무시해 버렸던 날 광식이는 어떻게 생각했을까?

▲ '나'가 교문 앞에서 아는 척을 했는데 장수는 '나'를 무시했습니다.

며칠 뒤 나는 장수를 또 피시방에서 만났습니다. 이번엔 내가 먼저 가서 하고 있느니 장수가 왔는데.
[장수의 갈등이 깊어지는 장소]

"어? 촌놈 또 왔네. 언제 왔나?" / 날 모르는 척할 때는 언제고, 아무렇지도 않은 얼굴로 내게 말을 거는 장수에게 화가 치밀어 올랐습니다. 나는 함부로 별명을 부르며 무시해도 괜찮은 아이가 아닙니다. 어느 척할 해 주어도 감지덕지 고마워 하는 광식이 같은 아이가 아닙니다. 도시 아이들에게 주눅이 들어 있었던 건 사실
[중심 인물]

이지만 더 이상 참을 수는 없었습니다.
[장수가 '나'를 촌놈이라고 부르자 그때 맛서]
"내가 무슨 상관이냐? 그리고 내가 촌놈이면 넌 떡장수다."
['나'가 장수를 '떡장수'라고 부르며 갈등이 깊어짐.]

나는 장수를 제대로 보면서 말했어요. 이름 탓이기도 했지만 하고 많은 장수 중에 왜 떡장수가 떠올랐는지 모르겠어요. 아마도 내가 떡이라면 자다가도 일어날 만큼 좋아하기 때문인 모양입니다. "뭐라고?" / 장수의 얼굴이 시뻘게졌어요. (중략)

▲ 며칠 뒤 피시방에서 다시 만난 장수가 '나'에게 '촌놈'이라고 하자 '나'는 장수를 '떡장수'라고 불렀습니다.

지하도를 건너려던 나는 깜짝 놀라 덜음을 멈추었습니다.
[장수가 나에게 비밀을 들키게 된 장소]
지하도 입구에 떡 파는 할머니가 있었습니다. 엄마와 함께 지나가다 떡을 사 먹은 적이 여러 번 있었습니다. 할머니의 손자도 나와 같은 학년이라고 했습니다. 그 사실을 안 할머니는 넘으로 떡 한 개씩을 더 주곤 했습니다. 마치 돌아가신 우리 할머니 같았어요. 그런데 그 할머니 대신 장수가 떡 그릇 앞에 앉아 있는 것입니다.

나와 눈이 마주친 장수가 세발개진 얼굴로 별떡 일어나더니 어쩔 줄 몰라 했습니다. 나는 장수가 왜 그러는지 알 수가 없어 멍하니 대신 앉아 있는 장수를 만났습니다.

▲ '나'는 지하도 입구에서 떡 파는 할머니 대신 앉아 있는 장수를 만났습니다.

★ 새로 알게 된 낱말이나 어려운 낱말을 써 보세요.

_____

_____

_____

_____

생각 넓히기

1 게임 2 촌놈 3 떡장수 4 떡

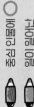

1 ❶ 촌놈 ❷ 인기   **2** ④   **3** ②→③→④→①   **4** (2)○
5 ②   **6** 병주   **7** 예시 답안 참고

인물의 특징 파악하기

1 '나'는 별 볼 일 없는 아이들도 '촌놈'이라고 놀리며 무시하는 아이이고, 장수는 공부도 잘하고 옷도 멋있게 입고 다녀 여자아이들한테 인기가 좋은 아이이다.

인물의 성격 파악하기

2 장수가 자신을 무시할 때 참지 않고 화를 내며 할 말을 하는 것으로 보아 '나'는 자존심이 강하고 당당한 성격임을 알 수 있다.

일어난 일의 순서 파악하기

3 동네 피시방에서 장수를 만나 함께 즐겁게 게임을 한 '나'는 (2) 교문 앞에서 장수에게 아는 척을 처음 하지만 오히려 무시를 당한다(3). 며칠 뒤 피시방에서 장수를 다시 만나 '나'는 자신을 춘이라고 부르는 장수에게 떡장수라고 말하며 화를 낸다(④). 그리고 지하도 입구에서 할머니 대신 떡 그릇 앞에 앉아 있는 장수를 만났다(①).

이어질 내용 예측하기

4 지하도 입구에서 떡을 파는 할머니 대신 떡 그릇 앞에 앉아 있던 장수가 '나'를 보고 당황하고 있으므로 '나'가 장수의 비밀을 알게 되는 내용이 이어져야 자연스럽다.
(4) 장수와 '나'가 친하게 되는 내용은 '나'가 장수의 비밀을 알게 된 뒤에 나오는 것이 알맞다.

인물의 심리 추론하기

5 '나'는 피시방에서 같이 즐겁게 게임을 한 일을 계기로 장수와 자신이 친구가 되었다고 생각하여 교문 앞에서 장수에게 반갑게 인사한다. 하지만 동준이와 함께 있던 장수는 동준이를 의식해 '나'를 무시하는 눈빛으로 바라보며 ⑦처럼 말하고 있다.

반응의 적절성 파악하기

6 이 글에서 장수는 피시방에서 '나'와 즐겁게 놀고, 학교에서는 모르는 척을 한다. 이중적인 태도를 보이는 장수에게는 진실한 태도로 친구들을 대하라는 조언을 해 주는 것이 알맞다.

쉬어가기

7 예시 답안

다음 날 교문 앞에서 장수를 만났다. 장수가 내 눈치를 살폈지만 서로 인사는 하지 않았다. 오후에 피시방에 들렀느데 장수가 16번에 앉아 있었다. 그냥 가려는데 장수가 나를 불러세웠다.
"내 비밀을 지켜 줘서 고마워. 그리고 그때 모르는 척해서 미안해. 사실 나도 이 동네 살아."
장수가 나와 같은 동네에 산다니 뜻밖이었다. 나도 장수에게 떡장수라고 놀린 걸 사과했다. 장수와 즐겁게 게임을 한 뒤 피시방을 나오면서 우리가 둘도 없는 친구가 될 것 같은 예감이 들었다.

😆	일이 일어난 순서를 파악하고 원인에 따라 결과를 예측하여 썼습니다.
😐	이어질 내용을 예측하여 썼으나 일이 일어난 원인에 알맞은 결과를 쓰지 못했습니다.
🙁	이어질 내용을 예측하여 글을 자연스럽게 이어서 쓰지 못했습니다.

10 생각의 특징

글의 특징
- 책 속 주요 인물에 ⬭
- 글쓴이가 책을 읽게 된 동기에 〰
- 서평을 쓴 글쓴이가 깨달은 점에 [　]

3회독

★ 내가 표시한 내용과 예시 답을 비교하며 읽어 보세요.

가 새클턴의 리더십

아침이 밝아오자 얼음 위에서 밤을 지낸 대원들은 몸이 뻣뻣하게 얼어붙어 제대로 움직일 수가 없었다. (새클턴)은 텐트 안으로 대원들을 모두 불러 모았다. "지금부터 우리는 여길 벗어난다. 위험한 행군이 될 거야. 하지만 살아나려면 무슨 수를 써서라도 이 얼음판에서 탈출해야 한다."

▲ 새클턴과 탐험 대원들은 얼음판에서 탈출해야 하는 처지에 처했다.

대원들의 표정은 비장하게 일그러져 있었다. / 새클턴은 다시 말을 이었다.

"무엇보다 몸을 가볍게 해야 한다. 살아남는 데 꼭 필요한 최소한의 짐만 남기고 모두 버리도록!" / 말을 마친 뒤 새클턴은 자신의 외투 주머니에서 담배 케이스를 꺼내 들었다. 금으로 만든 담배 케이스였다. 대원들은 새클턴이 그 물건을 얼마나 아끼는지 잘 알고 있었다. 아무리 위급한 상황에서도 그 담배 케이스는 꼭 챙겼던 것이다.

"솔직히 말해서 이 담배 케이스는 정말 무거웠어." / 새클턴이 대원들을 향해 씨익 웃으며 아무렇지도 않게 툭 던졌다. 대원들은 함께 놀랐다.

사실 그 담배 케이스는 금덩이나 마찬가지였다. 새클턴은 보석상에 팔면 꽤 큰 돈이 될 만한 물건을 아무런 미련 없이 눈 더미에 던져버린 것이었다. 그는 다시 호주머니에서 금화를 꺼내 눈 더미에 던졌다. 대원들은 아무 말 없이 대장의 행동을 지켜보았다. (중략)

▲ 새클턴은 탈출을 위해 최소한의 짐만 남기려고 아끼던 물건을 버렸다.

남극 대륙 횡단 탐험 내내 새클턴은 대원들이 서로를 존경하고 도와주기를 바랐다. 그리고 그것은 아마에이한 힘이 되어 대원들을 지탱해 준 것이다.

"대장은 무엇보다 대원들을 먼저 생각한다. 그는 대원들이 웃음 웃을 수 있으면 자신의 몸에 서조 하나라도 걸치지 않을 사람이야."

대원들은 모두 그렇게 생각했고, 그것은 지금 게임스 카드 호에서도 마찬가지였다. 새클턴은 항해 중에 일어나는 모든 궂은일을 앞장서 처리했고, 때로는 대원들보다 3배나 더 오랫동안 키를 잡기도 했다. 이런 행동은 다른 대원들을 크게 감동시켰고, 대원들 스스로도 대장의 행동을 본받으려 했다.

▲ 새클턴은 항상 솔선해 궂은일을 앞장서서 했고 대원들은 그런 그를 본받으려고 했다.

나 새클턴, 진정한 리더

텔레비전 교양 프로그램에서 '새클턴'이라는 이름을 처음 들었다. 극한의 상황에서 대원 모두를 기적적으로 구해 낸 전설적 리더라는 말에 관심이 생겨서 「남극의 마지막 영웅, 새클턴」을 읽게 되었다. "남극의 마지막 영웅, 새클턴」은 실제 사건을 쓴 책이다. 이 책은 남극 대륙의 횡단을 꿈꾸며 남극으로 향했던 탐험가 새클턴과 인듀어런스 호의 선원들이 표류하고 귀환하기까지의 과정과 그 과정에서 발휘되는 새클턴의 리더십을 보여 준다.

▲ 책 읽은 동기와 평가가 드러나 있다.

새클턴은 남극을 정복하기 위해 대원들을 모집해 남극으로 향했다. 하지만 배가 부빙 사이에 갇혀 얼음 바다를 표류하게 되자 목표를 수정한다. 남극 정복이 아니라 인듀어런스 호에 탄 28명을 모두 살려서 돌아가는 것이 그의 새로운 목표가 되다. 얼음판에서 탈출하기 위해 최소한의 짐만 가지고 이동할 수 있는 상황에서 새클턴은 가장 먼저 자신의 아끼는 금으로 된 담배 케이스와 금화를 버렸다. 그모습을 본 대원들도 하나둘 자신의 짐을 버리기 시작한다. 리더의 솔선수범이 얼마나 중요한지 보여 주는 대목이다. 극한 상황에서 권위를 내세우지 않고 선뜻 자기에게 희망과 용기를 북돋아 주며 솔선수범한 새클턴 덕분에 새클턴과 27명의 선원은 무사히 탈출할 수 있었다.

▲ 책 내용이 드러나 있다.

[이 책을 통해 극한의 상황에서 리더의 역할과 공동체 정신이 얼마나 중요한지 깨달았다. 이 책을 읽은 소감(깨달은 점)] 리더십을 발휘해야 하거나 리더십은 강한 힘이라고 잘못 알고 있는 친구들이 이 책을 꼭 읽어 보면 좋겠다.

▲ 소감 및 추천이 드러나 있다.

요즘한 책읽기

1 새클턴　　2 솔선수범　　3 리더십

★ 새로 알게 된 낱말이나 어려운 낱말을 써 보세요.

70~71쪽

1 ❶ 서평 ❷ 평가   **2** ⑤   **3** ⑤   **4** ㉠: 책을 읽은 동기,
㉡: 책을 읽은 소감   **5** 솔선형   **6** ③   **7** 예시 답안 참고

갈래의 특징 파악하기

1 글 **가** 는 『남극의 마지막 영웅, 섀클턴』의 일부분으로 섀클턴이 선원들 앞에서 솔선수범하며 리더십을 발휘하는 것을 보여 주는 장면이다. 글 **나** 는 『남극의 마지막 영웅, 섀클턴』을 읽고 쓴 서평으로 책에 대한 정보, 책을 읽은 동기, 책 내용과 가치에 대한 평가, 소감과 추천 이유 등이 담겨 있다.

세부 내용 파악하기

2 섀클턴은 행군 중에 궂은일을 앞장서서 처리했고 이런 그의 행동은 다른 대원들을 크게 감동시켜 대원들도 섀클턴의 행동을 본받으려고 하였다.
① 배가 표류하자 섀클턴과 대원들은 남극을 벗어나기 위해 행군을 시작했다.
② 섀클턴과 대원들이 세계 최초로 남극 탐험을 떠났는지는 나타나 있지 않다.
③ 섀클턴이 담배 케이스에 담긴 추억을 이야기하는 장면은 나타나지 않는다.
④ 섀클턴이 최고의 리더가 될 목적으로 남극을 탐험한 것은 아니다.

상황에 알맞은 속담 찾기

3 섀클턴과 대원들은 배가 표류해 어려운 상황이므로 이를 극복하는 데 힘이 되는 말을 해 주어야 한다. '하늘이 무너져도 솟아날 구멍이 있다.'는 어려운 상황에 부딪히더라도, 그것을 벗어날 길은 분명히 있다는 뜻의 속담이다.
① 대상에서 가까이 있는 사람이 도리어 대상에 대하여 잘 알기 어렵다는 말.
② 일이 이미 잘못된 뒤에는 손을 써도 소용이 없음을 비꼬는 말.
③ 강한 자들끼리 싸우는 통에 아무 상관도 없는 약한 자가 중간에 끼어 피해를 입게 됨을 비유적으로 이르는 말.
④ 한번 저지른 일은 다시 고치거나 중지할 수 없음을 비유적으로 이르는 말.

서평의 구성 요소 파악하기

4 ㉠은 서평을 구성하는 요소 중 '책을 읽은 동기'에 해당하고, ㉡은 책을 읽고 느낀 점을 쓴 것으로 '책을 읽은 소감'에 해당한다.

내용 추론하기

5 섀클턴이 얼음판에서 탈출하기 위해 솔선수범하여 자신이 아끼는 물건들을 버렸으므로, 섀클턴의 리더십은 제시된 4가지 유형 중 '솔선형'에 해당한다.

반응의 적절성 파악하기

6 얼음 바다를 표류하게 된 섀클턴의 선원 모두 살아서 돌아가는 것으로 목표를 수정하고, 최소한의 짐만 가져가야 하는 상황에서 아끼던 물건을 먼저 버리는 모습을 보여 줌으로써 선원들로 하여금 스스로 자신의 짐을 버리도록 하였으므로, 섀클턴이 리더십을 발휘해 위기 상황을 극복했다고 이해할 수 있다.

7 예시 답안 서평에 관해 배우면서 『남극의 마지막 영웅, 섀클턴』이라는 책을 접했다. 이 책은 섀클턴과 대원들이 남극 탐험 중 겪은 일을 쓴 책이다. 섀클턴은 얼음판에서 탈출하기 위해 짐을 줄여야 하는 순간 가장 먼저 자신이 소중하게 생각하는 물건을 버린다. 말보다 행동으로 리더십을 보여 주는 장면이다. 또한 섀클턴은 탐험 중 대원들이 서로 도와주기를 바랐고, 궂은일을 앞장서서 처리하면서 대원들에게 모범을 보였다. 이런 섀클턴의 리더십이 있었기에 위기의 순간에도 대원들이 힘을 모아 어려운 상황을 극복할 수 있었다고 생각한다. 이 책의 가치는 극한 상황에서 보여 주는 긍정의 리더십의 힘을 보여 준다는 데 있다.

:D	책에 대한 정보와 평가를 넣어 서평을 알맞게 썼습니다.
:)	책에 대한 정보는 썼으나 평가는 쓰지 못했습니다.
:(	책에 대한 정보와 평가를 쓰지 못했습니다.

11

시의 시상 전개

중심 글감에 ○
시상 전개가 드러나는 부분에 ～～～
인상 깊은 표현에 [ ]

★ 내가 표시한 내용과 예시 답을 비교하며 읽어 보세요.

가 바다

1연
[우 우 우 우 우 소리치며 달려가나
우 우 우 우 우 연달아서 몰아온다]
의성어를 활용해 파도의 모습을 실감 나게 표현함.

2연
간밤에 잠 설쳤나
머언 뇌성이 울더니,
'간밤' → '오늘 아침'으로 시간의 흐름이 나타남.

3연
오늘 아침 (바다)는 중심 글감
포도빛으로 부풀어졌다

4연
[철썩, 처얼썩, 철썩, 처얼썩, 철썩]
제비 날아들 듯 물결 사이사이로 춤을 추어
출렁이는 파도의 모습을 제비가 춤을 추는 모습에 빗대어 표현해 재미있음.

구조읽기
1 뇌성 2 바다

1연 파도가 밀려갔다가 밀려온다.
2연 간밤에 뇌성이 울리는 것을 들었다.
3연 아침 바다가 포도빛으로 부풀었다.
4연 물결 사이로 파도가 춤을 춘다.

나 길 떠나는 제비

1연
[조그만 머리에는
까만 운동모
날씬한 몸에는
새까만 양복
새빨간 목도리를
둘러 감고서
팡팡 날며 제주 넘는
어여쁜 (제비)]
제비는 중심 글감
사람이 아닌 제비를 사람처럼 표현하여 재미있음.

2연
연못 둘에 철썩철썩,
날개를 씻고,
전선줄에 다랑다랑,
모여 앉아서
고개를 요리조리
갸웃거리며
먼-강남 갈 공론
지지배배.
'연못 둘' → '전선줄'로 공간의 이동이 나타남.

3연
맘씨 착한 주인께
인사도 하고,
치마 끝에 진흙 집
흘지 말라고,
산 넘고 바다 건너
멀고 먼 강남
가 있다가 명년 봄에
다시 오리다.

구조읽기

1연 제비가 길 떠날 채비를 한다.
2연 제비들이 모여 먼 강남에 가기 위해 의논한다.
3연 제비가 주인에게 인사하고 내년에 다시 오겠다고 약속한다.

3 제비 4 강남 5 주인

★ 새롭게 떠오른 생각이나 어려운 낱말을 써 보세요.

1 시 가 : 바다, 시 나 : 제비   2 ㉠   3 밤: 간밤, 아침: 오늘 아침
4 ⑤   5 지율   6 ④   7 예시 답안 참고

중심 글감 파악하기
1 시 가 는 제목과 내용을 통해 알 수 있듯 '바다'를 중심 글감으로 하여 쓴 시이고, 시 나 는 '제비'를 중심 글감으로 쓴 시이다.

표현 방식 파악하기
2 ㉠에는 시간이 드러날 뿐 비유적 표현이 사용되지 않았다.
㉡은 '돛'이라는 말을 사용해 파도가 치는 모습을 제비가 날아드는 모습에 직접 빗대어 표현하는 직유법이 쓰였다.
㉢은 사람이 아닌 제비가 목도리를 둘러 감고 재주를 넘는다며 제비를 사람처럼 표현한 의인법이 쓰였다.

시상 전개 방식 파악하기
3 시 가 는 시간의 흐름에 따른 시상 전개 방식이 사용되었다. 간밤에 뇌성이 울던 바다가 오늘 아침 포도빛으로 아름답게 웃는 모습을 감각적으로 표현하였다.

시상 전개 방식 파악하기
4 시 나 에서는 제비가 강남으로 떠나가기 전 제비를 하면서 연못 물에 날개를 날개를 씻고 진선줄에 모여 앉아 강남으로 가기 위해 의논하고 있다. 연못 물에서 진선줄로의 공간의 이동이 나타난다.

감상의 적절성 파악하기
5 '뇌성'은 천둥이 칠 때 나는 소리이므로 후각적 표현이 아니라 청각적 표현이다. 따라서 시 가 를 알맞게 감상하지 못한 친구는 지율이다.

이어질 내용 추론하기
6 제비가 주인에게 산 넘고 바다 건너 멀고 먼 강남 가 있다가 명년에 다시 오겠다고 인사하는 내용으로 보아 4연에는 제비들이 산 넘고 바다 건너 강남으로 가는 내용이 나오는 것이 자연스럽다.
① 제비가 강남으로 떠날 때 알을 낳아 놓았다는 내용이 앞에 나오지 않았으므로 떠난 제비가 낳아 놓은 알이 부화하는 내용이 이어지는 것은 자연스럽지 않다.
② 강남에 가지 못한 제비에 관한 내용이 앞에 나오지 않고, 이미 진흙 집이 지어져 있는 상황이므로 강남으로 떠나가 진흙집을 짓는 내용이 이어지는 것은 자연스럽지 않다.
③ 주인이 맘씨가 착하다고 하였으므로 그 주인에게 진흙 집을 짓지 말라고 제비가 부탁하는 내용이 시에 나오는 것은 자연스럽지 않다.
⑤ 제비들이 연못 물에 날개를 씻는 내용은 2연에 나와 있으므로 이러한 내용이 4연에 이어지는 것은 자연스럽지 않다.

7 예시 답안
저녁에 바람이 솔솔 / 저녁에 달빛이 희영청

😄	시간의 흐름이 잘 나타나면서 시의 분위기에 어울리는 내용으로 이어질 시 내용을 잘 썼습니다.
🙂	시간의 흐름이 잘 나타나지만, 이어지는 내용이 시의 분위기에는 조금 어울리지 않습니다.
☹️	시간의 흐름이 잘 나타나지 않고, 이어지는 내용도 시의 분위기와 잘 어울리지 않습니다.

12
열쇠말으로 요약하기

3회독 ★ 내가 표시한 내용과 예시 답을 비교하며 읽어 보세요.

현재와 미래를 보는 경제 지표

미래를 예측하는 일은 어렵다. 특히 경제의 미래를 예측하는 일은 더욱 그렇다. 경제는 한 국가의 정부와 기업 등의 영향은 물론 자연재해, 전염병, 세계 곳곳에서 일어나는 전쟁 등의 영향까지 받으며 변화하기 때문이다. 그러면 미래의 경제 흐름은 예측할 수 없을까? 그렇지는 않다. 기상청이 과거의 기상 정보와 기후 변화를 분석하여 날씨를 예측하듯 국가와 기업에서는 다양한 경제 지표를 분석하여 현재의 경제 상황을 진단하고 미래를 예측한다. 주요 (경제 지표) 들을 알아보자.

설명 대상이자 중심 낱말

▲ 경제 지표로 현재의 경제 상황을 진단하고 미래를 예측할 수 있다.

첫 번째 지표는 한 국가의 경제 규모를 나타내는 GDP이다. GDP는 국내 총생산으로 한 나라 안에서 1년 동안 만든 상품과 서비스의 가치를 돈으로 따져서 전부 더한 것이다. GDP는 국내에서 생산된 것만 해당된다. 미국에 있는 한국 자동차 회사의 매출은 한국의 GDP에 포함되지 않는다. 미국에서 돈을 벌어 미국인에게 월급을 주고, 미국에 세금을 내기 때문이다. 반면 한국 공장에서 만드는 미국 운동화의 매출은 한국 GDP에 포함된다. 운동선수가 벌어들이는 돈도 마찬가지다. 우리나라 선수가 영국 축구 팀에서 활약해서 번 돈은 GDP에 포함되지 않는다. 그러나 그 선수가 국내에서 광고 촬영으로 번 돈은 GDP에 포함된다. GDP가 높을수록 국내에서 돈을 많이 벌었다고 볼 수 있다. 그리고 GDP가 늘어날수록 경제가 성장했다고 하고, GDP가 줄어들면 경제 활동의 점이 낮아졌다고 본다.

첫 번째 경제 지표: GDP

▲ GDP는 한 국가의 경제 규모와 성장을 나타낸다.

두 번째 지표도 물건값의 변동을 알 수 있는 소비자 물가 지수이다. 물가는 소비자 물가 지수이고, 소비자 물가 지수는 소비자가 구매하는 상품과 서비스의 가격이 얼마나 달라졌는지를 보여 주는 지표이다. 만약 500원이던 과자의 가격이 1,000원으로 오르면 2,000원으로 4개를 살 수 있던 과자를 2개밖에 살

두 번째 경제 지표: 소비자 물가 지수

수 없게 된다. 이렇게 소비자 물가 지수가 오르면 더 많은 돈을 내야 기존과 같은 상품을 사거나 서비스를 이용할 수 있다. 반면에 소비자 물가 지수가 내려가면 부담이 적어 물건을 더 많이 살 수 있다. 이렇게 소비자 물가 지수는 일상생활에 직접 영향을 주는 중요한 경제 지표이다. 그래서 정부는 소비자 물가 지수가 너무 오르거나 내려가지 않도록 조정한다.

▲ 정부는 소비자 물가 지수에 따라 물가를 조정한다.

마지막 지표는 경제 활동을 할 수 있는 국민 중에서 일자리가 없는 사람들의 비율을 나타낸 실업률이다. [실업률이 높다는 것은 시장에 충분한 일자리가 제공되지 못한다는 의미이다. 일자리가 없어서 줄일 수 밖에 없다. 그러면 필요한 물건 구입이나 서비스 이용을 줄일 수밖에 없다. 물건을 사는 사람이 줄어들면 경제 상황은 점점 활기를 잃고 부정적인 영향을 받는다. 그래서 정부는 실업률이 높아지면 새로운 일자리를 만들고, 사회 구성원들이 어려움에 빠지지 않도록 안전망을 강화한다.]

세 번째 경제 지표: 실업률
실업률이 높을 때를 정부가 대책을 세움.

▲ 정부는 실업률을 바탕으로 경제 정책을 세운다.

경제 지표를 통해 현재 경제 상태를 알 수 있고, 미래를 예측할 수도 있다. 미래를 예측할 수 있으면 그에 맞춰 GDP가 계속 오르라고, 소비자 물가 지수도 안정적이며, 실업률이 낮으면 우리나라 경제가 잘 성장하고 있다고 볼 수 있다. 반대로, 지표들이 좋지 않은 방향으로 가고 있다면 경제가 어려울 것을 대비해 정부나 기업이 미리 대책을 세울 수 있다. 경제 지표를 잘 이해하고 분석하는 것은 우리나라 경제를 더 발전시키고, 미래를 더 밝게 만드는 중요한 열쇠이다.

▲ 경제 지표를 잘 이해하고 분석하면 미래를 더 밝게 만들 수 있다.

열쇠말으로 요약하기

● 설명 대상에 ○
● 열쇠말이 나타난 문장에 ～
● 실업률에 따른 정부 대책에 [ ]

★ 새로 알게 된 낱말이나 어려운 낱말을 써 보세요.

꼭! 핵심

1 경제 지표 2 국가 3 소비자 물가 지수 4 실업률

1 경제 지표 **2** ② **3** (1) ○ **4** ❶ 주요 경제 지표 ❷ GDP
❸ 소비자 물가 지수 ❹ 실업률 **5** 미주 **6** 예시 답안 참고

중심 내용 파악하기

1 이 글에서는 경제 지표를 분석하면 현재의 경제 상황을 진단하고 미래를 예측하여 대책을 세울 수 있음을 이야기하고 있다.

세부 내용 파악하기

2 경제가 성장했는지 또는 침체되었는지를 알 수 있게 해 주는 지표는 GDP이다. 따라서 우리나라 경제의 성장에 대해 알면 물가 지수가 아닌 GDP를 봐야 한다.
① GDP는 한 국가의 경제 규모를 나타내는 경제 지표이므로, GDP를 보면 그 국가의 경제 규모를 알 수 있다.
③ 실업률은 경제 활동을 할 수 있는 국민 중에서 일자리가 없는 사람들의 비율을 나타내는 경제 지표이므로, 실업률을 통해 일자리를 찾지 못한 사람들의 비율을 알 수 있다.
④ GDP가 지난해에 비해 올라가면 경제 활동이 활발했다고 볼 수 있다.
⑤ 소비자 물가 지수는 소비자가 구매하는 상품과 서비스의 가격이 얼마나 달라졌는지를 보여 주는 경제 지표로, 소비자 물가 지수를 통해 물건값의 변동을 알 수 있다.

설명 방법 파악하기

3 이 글에서는 세 가지 경제 지표를 나열해 설명하였다.

글의 중심 내용 정리하기

4 이 글에서는 주요 경제 지표에 대해 알아보고 말한 뒤 GDP, 소비자 물가 지수, 실업률을 경제 지표의 예로 들어 각 경제 지표의 특징을 차례대로 설명하였다.

적용하기

5 일자리를 늘리면 일을 해서 돈을 버는 사람들이 늘어나고 그만큼 필요한 물건을 사거나 서비스를 이용하는 사람이 늘게 된다. 하지만 수입이 늘고 물건 구매가 늘어난다고 해서 소비자 물가 지수가 오르느지는 이 글을 통해 알 수 없다.

• 지혜: 이 글에서 실업률이 높아 시장에 충분한 일자리가 제공되지 못하면 정부는 새로운 일자리를 만든다고 했다. 따라서 정부가 공공 일자리의 수를 늘린다고 한 기사 내용을 보고, 일자리가 충분히 제공되지 못한 것 같다고 말한 지혜는 기사를 바르게 이해하였다.
• 경우: 이 글에서 실업률이 높으면 경제 상황은 점점 활기를 잃고 부정적인 영향을 받고 사회 안정망을 강화한다고 하였다. 따라서 기사를 보고 경제 상황이 점점 활기를 잃어서 부정적인 영향을 받지 않도록 정부가 미리 대책을 세운다고 말한 경우는 기사를 바르게 이해하였다.

6 예시 답안

태양 에너지는 태양을 이용해 전기를 만드는 방법이다.
풍력 에너지는 바람을 이용해 전기를 만드는 방법이다.
수력 에너지는 흐르는 물이나 떨어지는 물의 힘을 이용해 전기를 만드는 방법이다.

:D	재생 에너지의 종류 3가지를 모두 요약하여 썼습니다.
:)	재생 에너지의 종류 2가지를 요약하여 썼습니다.
:(	재생 에너지의 종류 1가지를 요약하여 썼습니다.

13
토론이 필요한 경우

토론 주제에 ○
양측의 주장과 근거에 〰
양측의 반론에 [ ]

★ 새로 알게 된 낱말이나 어려운 낱말을 써 보세요.

_____

3회독 ★ 내가 표시한 내용과 예시 답을 비교하며 읽어 보세요.

생성형 AI로 숙제를 해도 될까?

사회자: 안녕하세요. 최근 학습한 데이터로 새로운 글, 그림, 음아 등을 만들어 내는 생성형 인공 지능 기술인 챗지피티(Chat GPT)를 활용해 숙제하는 학생들이 많아져서 찬반 논란이 있습니다. 그래서 (생성형 AI로 숙제를 해도 된다.)라는 주제로 토론을 하려고 합니다. 먼저 찬성 측 주장을 펼쳐 주십시오.

　▲ 토론을 하게 된 배경, 토론 주제

🔸 주장 펼치기(입론)

찬성 측: 저는 '생성형 AI로 숙제를 해도 된다.'에 찬성합니다. 생성형 AI로 숙제를 하면 창의력과 질문력이 키워집니다. 반복적이고 시간이 많이 드는 일을 생성형 AI가 대신해 주면 학생들은 창의적 사고가 필요한 작업에 집중할 수 있습니다. 그리고 원하는 답을 얻기 위해 계속 질문하는 과정에서 정보하는 중요한 능력인 질문력을 기를 수 있습니다.

　▲ 찬성 측 입론: 생성형 AI로 숙제를 하면 창의력과 질문력이 키워집니다.

사회자: 이번에는 반대 측 근거를 들어 주장을 펼쳐 주십시오.

반대 측: 저는 '생성형 AI로 숙제를 해도 된다.'에 반대합니다. 생성형 AI로 숙제를 하면 학습 능력이 떨어집니다. 사고력과 문제 해결력, 창의력을 향상하려면 학생들이 스스로 필요한 자료를 찾고 답을 구하는 과정에서 기를 수 있습니다. 그런데 생성형 AI로 숙제를 하면 AI가 즉각 답을 주고 결과물을 만들어 주어 이런 역량을 기를 기회가 사라집니다.

　▲ 반대 측 입론: 생성형 AI로 숙제를 하면 학습 능력이 떨어집니다.

🔸 반론하기

사회자: 이번에는 반대 측에서 반론해 주십시오.

반대 측: 찬성 측 의견 잘 들었습니다. 찬성 측의 주장처럼 생성형 AI로 숙제를 하면 정보를 탐색하여 문제를 해결하는 능력을 기를 수 있을 것입니다. [하지만 AI가 많은 것을 대신해 줍니다. 게다가 생성형 AI에 대한 의존도가 높아져서 생각하고 문제를 해결하는 능

하습하는 능력도 저하될 것입니다.]

　▲ 반대 측 반론: 깊이 생각하고 문제를 해결하는 능력을 기르기 어렵고, 자발적 학습 능력이 저하됩니다.

사회자: 다음으로 찬성 측에서 반론해 주십시오.

찬성 측: 저도 반대 측에서 반론해 주십시오. 반대 측에서는 생성형 AI로 숙제하면 학습 능력이 떨어진다고 하였습니다. 그런데 [하습들이 생성형 AI와 협업을 하면 단순 작업을 AI가 대신해 주어 오히려 더 고차원적인 사고력 하는 창의력이 향상됩니다.]

　▲ 찬성 측 반론: 오히려 고차원적인 창의력이 향상됩니다.

🔸 주장 다지기

사회자: 찬성 측 반대 측 모두 자기편의 주장을 정리해 주십시오.

찬성 측: 반대 측에서 생성형 AI에 의존하면 학습 능력이 저하될 것이라고 반론하였습니다. 하지만 생성형 AI를 잘 활용하면 큰 학습 효과를 얻을 수 있습니다. 세로운 기술 였지만 생성형 AI를 잘 활용하는 방법을 가르치면 지식을 확장 을 금지하기보다는 학습 도구로 쓸모 있는 학습 도구로 사용하는 기술 하고 학습 효율을 높이는 좋은 기술이 될 거라고 생각합니다.

　▲ 찬성 측 주장 다지기: 생성형 AI를 잘 활용하면 큰 학습 효과를 얻을 수 있습니다.

반대 측: 찬성 측에서 생성형 AI를 단순 작업에 활용하면 학생들의 창의력이 향상 된다고 반론하였지만, 생성형 AI로 숙제를 하면 AI에 대한 의존도가 높아져 창 의력을 기를 기회 자체가 사라집니다. 그러므로 생성형 AI로 숙제를 해서는 안 된다고 생각합니다.

　▲ 반대 측 주장 다지기: AI에 대한 의존도가 높아져 창의력을 기울 기회 자체가 사라집니다.

사회자: 찬성 측 반대 측 모두 토론 주제에 대해 깊이 깊이 고민하고 규칙을 지켜 토론을 잘해 주셨습니다. 이상으로 토론을 마치겠습니다.

　▲ 토론 평가 및 마무리

구조 알기

1 질문력　2 학습 능력　3 반론　4 자발적　5 의존도

1 ④ **2** (1) ② (2) ① **3** ② **4** ⑤ **5** ④ **6** 지수
7 예시 답안 참고

토론 배경 파악하기

1 사회자가 최근 생성형 인공 지능 기술인 챗지피티를 활용해 숙제하는 학생들이 많아져 찬반 논란이 있다고 하며 토론의 배경을 밝히고 있다.

찬반 양측의 근거 파악하기

2 찬성 측은 '생성형 AI로 숙제를 해도 된다.'라는 입장으로 생성형 AI로 숙제를 하면 창의력과 질문력 향상에 도움이 된다는 것을 근거로 제시하고 있다. 반대 측은 '생성형 AI로 숙제를 하면 안 된다.'라는 입장으로 학습 능력 저하를 근거로 제시하고 있다.

토론 주제의 조건 파악하기

3 토론은 서로 이견이 다른 문제를 해결하기 위해 찬성하는 측과 반대하는 측이 각각 자신들의 주장과 근거를 내세우는 말하기이므로, 토론의 주제는 찬성 측과 반대 측의 입장이 명확히 대립되는 것이어야 한다.

토론의 규칙 파악하기

4 사회자는 토론을 하게 되 배경을 밝힌 뒤 토론 주제를 소개하고 있다. 또 토론을 진행하며 토론자들에게 발언 기회를 주고 있다. 하지만 토론 주제에 대한 자기 이견을 밝히지는 않았다. 토론할 때 사회자는 토론 내용이 주제에서 벗어나지 않게 하고, 찬성 측과 반대 측의 말할 기회를 공평하게 주어야 한다. 또한 토론 과정에서 질문을 하거나 중요한 내용을 요약하여 토론을 도울 수는 있지만 자신의 의견을 밝혀서는 안 된다.

---

①, ④ 찬성 측과 반대 측 모두 주장 펼치기에서 자기 측의 주장과 그 주장에 대한 구체적이고 타당한 근거를 제시하고 있다.
② 찬성 측과 반대 측 모두 반론하기에서 상대편의 주장을 요약해 제시한 뒤 주장과 근거에 대해 반대 의견을 제시하고 있다.
③ 주장 다지기에서 찬성 측과 반대 측 토론자는 자기 편의 주장을 요약해 제시하며 주장을 강화하고 있다.

근거 자료 추론하기

5 찬성 측에서는 생성형 AI를 긍정적으로 평가하며 AI가 반복적이고 시간이 많이 드는 일을 대신해 주면 창의적 사고가 필요한 작업에 집중할 수 있다고 말하고 있으므로 생성형 AI의 장점이나 성과를 보여 줄 수 있는 자료를 제시해야 한다.

글의 내용 확장하기

6 생성형 AI를 활용하여 자료를 만들 때 다른 사람의 개인 정보를 하락 없이 이용해서는 안 된다. 그리고 생성형 AI를 사용할 때는 다른 사람의 창작물을 허락 없이 그대로 모방, 변형하지 않아야 하며, 결과물에 표시를 해야 한다.

예시 답안

7 어린이들의 스마트폰 사용을 제한해야 하느가에 대해 토론할 수 있다.

>.<	우리 주변에서 찾을 수 있는 토론이 필요한 경우를 분명하게 밝혀 썼습니다.
:·:	우리 주변에서 찾을 수 있는 토론이 필요한 경우를 정확히 쓰지 못했습니다.
:·:	토론이 필요한 경우를 이해하지 못해 토론이 필요한 경우를 쓰지 못했습니다.

14
작품 속
인물의 갈등

- 중심 인물에 ○
- 갈등이 나타난 부분에 ~~~
- 인물의 성격이 나타난 부분에 [ ]

3회독 ★ 내가 표시한 내용과 예시 답을 비교하며 읽어 보세요.

작은 총알 하나

보미가 교실에 들어섰을 때 콩알보다도 더 작은 하얀 플라스틱 조각이 날아와 이마를 때렸다. 가시에 찔렸을 때처럼 따끔했다. 보미가 얼굴을 찌푸리고 교실 안 이야기의 주인공 주인공 보미와 갈등하는 인물

을 둘러보니 경민이가 키득 웃고 있었다. 보미는 당장 경민이 쪽으로 다가갔다.

"너 나한테 총 쐈어?" / "총? 무슨 총?" / 보미는 제상 밑에 감추고 있던 경민이 손을 잡아 끄집어냈다.

경민이는 깜짝 놀라 보미의 손길을 피하려 했으나 그 바람에 손에 들고 있던 것을 바닥에 떨어뜨리고 말았다. 그것은 장난감 권총이었다.

▲ 보미가 경민이가 장난감 권총으로 손 총임에 맞았다.

"이래도 시치미 뗄래?" / 경민이는 권총을 냉큼 집어 들어 가방에 넣었다.

"미안해. 너를 겨누고 쏜 거 아니야." / 보미는 어이가 없었다.

"나를 겨누고 쏜 게 아니면 총알을 맞으로 되었느 거냐? 만일 내 눈에 맞았으면 어쩔 뻔했니?" / "야, 미안하다고 했잖아. 진안이한테 쏜 건데 빗나간 거라고."

▲ 경민이가 총을 쏘지 않았다며 시치미를 뗐다.

보미는 진안이를 쳐다보았다. 진안이는 장난기를 가득 담은 얼굴로 보미에게 경민이를 더 혼내 주라는 손짓을 해 보이고 있었다. 그렇다면 진안이도 총을 가지고 있을 게 뻔했다. 보미네 반 남자아이들 사이에서는 장난감 총을 가지고 노는 게 유행이었다. 장난감이라지만 진짜 총하고 독같이 생겼고, '비비탄'이라고 하는 플라스틱 소금을 알찬 형사 반장과 같은 무소리로 이렇게 명령했던 것이다.

"이 평화롭고 신성한 교실에 점잖은 '우장 고함'들은 제상 위에 무기를 놓고 즉 각 향복하길 바란다!"

▲ 떨어진 비비탄 때문에 경민이가 선생님께 총을 빼았겼다.

"너 그 총을 이리 내!" / 보미가 손을 내밀었으나 경민이는 여전히 장난기 어린 얼굴 로 방글방글 웃고 있었다. / "아, 빼주라. 다시는 안 그럴게." / "어서 안 내?"

보미는 빼 소리를 질렀다. 그제야 경민이는 얼굴에 웃음기를 거두었다.

"내가 뭔데 내 총을 내놔라 마라 마디 하느 거냐?"

총을 내놓으라는 보미의 말을 무뚝뚝하게 거절하는 경민이의 의적 갈등

"좋아. 그럼 네가 학교에 총을 가지고 왔다고 선생님한테 말씀드릴 거야."

그 말에 경민이는 얼굴을 찌푸렸다. 보미가 이르면 선생님한테 총을 빼길 게 뻔 했기 때문이었다. 그러나 [경민이는 고집을 꺾지 않았다. 경민이 잘못을 해놓고 사과하지 않고 오히려 으름장을 놓는 고집스러운 성격임

"맘대로 해. 하지만 그랬다가는 나도 가만있지 않을걸."

경민이는 보미를 노려보며 으름장을 놓았다.

▲ 보미가 경민이에게 장난감 총을 달라고 하자 오히려 경민이가 으름장을 놓았다.

보미는 경민이 말이 무서지는 않았지만, 총을 내놓으라고 한 것은 조금 심했 다 싶은 생각도 들었다. 그제 경민이의 태도에 와이 올타 한 말일 뿐이었다. 총을 빼앗아 두었다가 충분히 혼이 지난 뒤에 돌려줄 생각이었다. 하지만 '선생님한 테 이르면 가만두지 않겠다'는 경민이의 으름장을 듣고 보니, 선생님한테 꼭 일러 바쳐 별을 받게 하고 싶다는 생각이 들었다.

▲ 경민이의 으름장을 듣는 보미는 경민이의 행동을 선생님께 일러바쳐야겠다고 생각했다.

그러나 경민이가 선생님한테 총을 빼앗긴 것은 보미의 고자질 때문이 아니었다. 교실 바닥에 떨어져 있던 콩알만 한 비비탄 때문이었다.

선생님은 교실에 들어오자마자 바닥에 떨어져 있는 하얀 플라스틱 조각들을 발 견했다. 선생님은 그것을 하나 주워 들고 한참 동안이나 요리조리 살펴보았다. 그 러는 동안 학교에 총을 가져온 아이들은 간이 콩알만 해졌을 것이다. 선생님은 주 운 물건을 아주 조심스럽게 교탁 위에 올려놓았다. <중략>

선생님은 교실에 들어오자마자 바닥에 떨어져 있는 하얀 플라스틱 조각들을 발

★ 새로 알게 된 낱말이나 어려운 낱말을 써 보세요.

내용 읽기
1 장난감 총   2 시치미   3 선생님

1 ① **2** (1)② (2)① **3** 총 **4** ② **5** 소각 **6** (4)○
7 예시 답안 참고

내용 파악하기

1 교실에 들어서던 보미는 경민이가 장난감 총으로 쏜 총알에 맞았다.
② 하얀 플라스틱 조각에 맞은 보미가 가슴 가시에 찔렸을 때처럼 따끔함을 느낀 것이지 가시에 찔려 피가 난 것은 아니다.
③ 친구들이 보미를 놀리는 장면은 이 이야기에 나타나지 않는다.
④ 교실 바닥에 떨어져 있던 비비탄을 본 선생님이 아이들에게 무기를 내놓으라고 했지만 보미가 선생님에게 혼이 난 것은 아니다.
⑤ 보미는 경민이와 감정을 일으킨 것이지 진미와 싸우지는 않았다.

인물의 성격 파악하기

2 (1) 책상 밑에 감추고 있던 경민이의 순을 왈칵 낚아 채고 경민이의 잘못을 지적하는 것으로 보아 보미의 성격이 당당하고 거침없음을 알 수 있다.
(2) 경민이는 잘못을 저지르고도 보미에게 제대로 사과하지 않는 것으로 보아 뻔뻔하고 고집이 센 성격임을 알 수 있다.

갈등의 원인 파악하기

3 보미는 경민이에게 장난감 총을 내놓으라고 말하고 있고, 경민이는 보미에게 "네가 뭔데 내 총을 내놓으라 마라 하는 거냐?"라며 총을 주지 않고 있다.

갈등의 유형 파악하기

4 이 이야기에서 대립하는 인물은 보미와 경민이며, 장난감 총을 달라고 하는 보미와 주지 않으려고 하는 경민이가 갈등하고 있으므로 외적 갈등이다.

인물에게 해 줄 수 있는 말 추론하기

5 경민이는 자신의 잘못하고도 오히려 보미에게 화를 내고 있다. 이런 경민이에게는 보미에게 진심으로 잘못을 사과하라는 조언을 해 주는 것이 알맞다.

이어질 내용 추론하기

6 경민이는 자신의 잘못을 사과하지 않고 변명만 하는 뻔뻔하고 고집 센 성격을 지녔다. 따라서 선생님께 총을 빼앗긴 다음에도 자신의 행동을 반성하지 않고, 보미를 의심하며 보미에게 좋지 않은 감정을 가질 것이라고 짐작할 수 있다.

7 예시 답안

보미와 보미네 반 친구들이 학급 회의를 열어 학교에 장난감 총을 가져오지 못하도록 규칙을 정하고, 장난감 총을 만드는 회사에 위험한 장난감을 만들지 말라고 항의할 것이다. 남자아이들이 규칙을 잘 지켜 학교에서는 장난감 총이 사라지고, 장난감 총을 만드는 회사에서도 위험한 장난감을 만들지 않게 되어 교실이 안전하고 평화로워질 것이다.

^_^	인물의 성격과 갈등의 원인에 어울리는 갈등 해결 과정을 알맞게 썼습니다.
:-|	인물의 성격을 반영하지 않았거나 갈등의 원인과 관련이 없는 갈등 해결 과정을 썼습니다.
:-(	갈등의 해결 과정을 쓰지 못했습니다.

15

문제 상황과 문제 해결

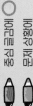 중심 글감에 ○
 문제 상황에 ~~~
 해결 방안에 [ ]

★ 새로 알게 된 낱말이나 어려운 낱말을 써 보세요.

_____
_____
_____

3회독 ★ 내가 표시한 내용과 예시 답안을 꼼꼼하게 읽어 보세요.

새 학기 증후군 발생

지수는 이제 곧 5학년이 되는데, 학교에 갈 생각만 하면 걱정이 되어 밤에 잠이 오지 않는다. 5학년이 되어 새 학기가 시작되면 반과 교실은 물론 선생님과 친구들도 바뀌기 때문이다. 새 학년을 맞아 변화되는 환경에 설레는 친구들도 있지만, 지수처럼 새로운 환경에 불안을 느끼거나 걱정이 앞서는 친구들도 있다. 이렇게 새 학기가 되어 새로운 환경에 적응하는 과정에서 겪는 육체적·정신적 증상을 (새 학기 증후군)이라고 한다.

▲ 새로운 환경에 적응하는 과정에서 새 학기 증후군을 겪는다.

새 학기 증후군은 낮가림이 심하거나 부족한 사회성이 학생에게만 나타날 거라 생각하기 쉽다. 하지만 사실은 충동적인 학생, 친구들의 관심을 받고 싶어 하는 학생들에게도 많이 나타난다. 새 학기 증후군을 겪으면 불안하거나 짜증을 내 심해지는 등 심리적 변화가 나타나기도 하고, 머리가 아프거나 감기에 걸리는 등 신체적 증상이 나타나기도 한다. 아래와 같은 간단한 테스트를 통해 새 학기 증후군 여부를 확인해 볼 수 있다.

▲ 새 학기 증후군을 겪으면 심리적, 신체적 증상이 나타난다.

새 학기 증후군 테스트

□ 학교 이야기를 꺼린다.
□ 짜증과 화를 자주 낸다.
□ 아침에 잘 일어나지 못한다.
□ 식사량이 눈에 띄게 줄었다.
□ 하교 후 평소보다 피곤해한다.
□ 일어나지 않은 일에 불안해한다.
□ 등교 전 두통이나 복통을 호소한다.
□ 학교에 가고 싶지 않다고 자주 말한다.

* 8개 중 5개 이상 해당되면, 새 학기 증후군을 의심해 보아야 한다.

그렇다면 이러한 새 학기 증후군은 왜 나타날까? 새 학기 증후군의 원인은 여러 가지이다. 새롭게 바뀐 환경에 적응해야 한다는 부담감, 친하게 지낸 친구들과 헤어져 새로운 친구를 사귀어야 하는 어려움, 학년이 올라가며 늘어난 학업량 등이 원인이 될 수 있다. 저학년의 경우는 부모님과 떨어져야 하는 것 자체가 원인이 되기도 한다. 변화된 환경과 마인 관계가 스트레스를 유발하는 것이다.

▲ 새 학기 증후군의 원인은 여러 가지이다.

새 학기 증후군을 해결하기 위해서는 특히 [부모의 관심과 도움이 필요하다. 아이들은 자신의 마음을 표현하는 데 서툴기 때문이다. 부모는 아이가 새 학기에 복통과 두통, 여러가지 마음을 호소하면 피병이라고 무시하지 말고 병원을 방문하고 진찰을 받게 해야 한다. 그리고 아이가 등교를 거부할 때는 아이의 상황을 잘 관찰하고 대화를 통해 등교 거부의 원인을 파악하여 원인에 따라 대처해야 한다. 내성적인 아이라면 친구를 조네에 여덟이 함께 놀게 하는 등의 방법으로 친구와 만날 수 있는 기회를 만들어 주는 것도 좋다. 공격적인 아이라면 친구에 대한 관심을 표현하는 법을 알려 주고, 다른 사람의 입장을 이해하는 공감 능력을 기를 수 있도록 해 주어야 한다. 부모와 떨어지기 싫어하는 것을 아이에게 알려 주어야 한다. 공부가 부담스러워 등교를 거부한다면 하습에 부담을 가지지 않도록 학습량을 조절해야 한다.]
부모가 도와 새 학기 증후군을 해결하는 방법이 드러남

▲ 부모의 관심과 도움으로 새 학기 증후군을 해결할 수 있다.

새 학기 증후군을 겪는 학생들은 [부모님이나 친구들에게 도움을 요청해야 한다. 또한 새 학기가 새로운 경험을 할 수 있는 기회라는 긍정적인 마음을 가져야 한다. 계획을 세워 학교생활에 빠르게 적응할 수 있도록 준비하는 것도 도움이 된다. 하교나 교실에 미리 가 보거나, 하습 교재를 준비해 미리 익히는 것도 좋다. 마음의 준비가 되어있다면 충분한 수면과 규칙적인 식사, 운동으로 건강을 챙겨야 한다.] 몸이 건강하면 새로운 환경에 적응하는 데 도움이 되기 때문이다.
학생 스스로의 노력으로 새 학기 증후군을 해결하는 방법이 드러남

▲ 학생 스스로의 노력으로 새 학기 증후군을 해결할 수 있다.

낯선 환경에 놓이는 것이 긴장될 수 있지만 위기를 기회로 생각하고 긍정적으로 생활하면 즐겁고 씩씩하게 새 학기를 시작할 수 있다.

▲ 긍정적으로 생활하면 즐겁게 새 학기를 시작할 수 있다.

 주제 정리

1 새 학기   2 적응   3 관심

1 ① **2** ① **3** ② **4** (1), (2) **5** ④ **6** 두나
7 예시 답안 참고

내용 파악하기

1 새 학기 증후군은 낯가림이 심한 학생뿐만 아니라 충동적인 학생, 친구들의 관심을 받고 싶어 하는 학생들에게도 많이 나타난다.
 ② 새 학기 증후군을 꾀병으로 붙임하거나 학생들의 심리적 변화가 나타난다.
 ③ 새 학기 증후군은 친숙하게 지낸 친구들과 헤어져 새로운 친구를 사귀어야 하는 어려움 때문에도 나타난다.
 ④ 새 학기 증후군을 겪으면 머리가 아프거나 감기에 걸리는 등이 신체적 증상이 나타난다.
 ⑤ 새 학기 증후군은 새 학기가 되어 새로운 환경에 적응하는 과정에서 겪는 육체적·정신적 증상을 가리키는 말이다.

글의 짜임 파악하기

2 이 글은 새 학기 증후군이 나타나는 문제 상황과 그 문제를 해결하는 방법을 구체적으로 제시하고 있다.

문제 상황 파악하기

3 이 글에서는 새 학기 증후군이 많이 나타나는 것을 문제 상황으로 보고 있고 여러 가지 원인을 제시하고 있다. 새 학기 증후군은 새 학기가 되어 새롭게 바뀐 환경에 적응하는 것이 부담스러울 때, 새로운 친구를 사귀는 것이 어려울 때, 공부나 학습량이 부담스러울 때 부모와 떨어지는 것이 힘이 들 때 나타난다. 하지만 규칙적인 생활을 하지 못하는 것은 원인으로 볼 수 없다.

문제 해결 방안 파악하기

4 이 글에서는 새 학기 증후군을 해결하는 방법을 부모와 아이의 할 일로 나누어 제시하고 있다. 공부에 대한 부담이 원인일 때 부모는 아이가 하습에 부담을 가지지 않도록 하습 분량을 조절해 주어야 한다. 아이들은 미리 하교나 교실에 가 봄으로써 하교생활에 빠르게 적응할 수 있도록 준비해야 한다.

---

5 주어진 글은 등교 거부의 원인에 따른 해결 방안을 제시하고 있으므로 '등교 거부의 원인을 파악하여 원인에 따라 대처해야 한다.'라는 문장 뒤에 들어가기에 가장 알맞다.

내용 적용하기

6 이 글에서는 새 학기 증후군을 해결하기 위해 계획을 세워 하교생활에 빠르게 적응할 수 있도록 준비하는 것이 도움이 된다고 하며, 하습 교재를 준비해 미리 익히면 좋다고 하였다. 따라서 새 학기 증후군으로 등교를 거부하는 친구에게 두나처럼 말을 하면 도움이 될 것이다.

예시 답안

7 • 새 학기 증후군은 낯선 환경에 대한 두려움 때문에 생긴다. 따라서 낯선 환경에 대한 두려움을 없애기 위해 하교와 교실, 내가 앉을 자리에 미리 가 봐서 익숙해지면 문제를 해결할 수 있다.
 • 새 학기 증후군은 새로운 친구들을 만나는 것이 두렵고, 공부에 대한 부담감이 클 때 생긴다. 따라서 교과서와 하습할 내용을 예습하고, 친구들에게 자신을 잘 소개할 수 있도록 연습해 두면 새 학기 증후군을 극복하는 데 도움이 된다.

:D	타당하고 실제로 적용을 할 수 있는 해결 방안을 알맞게 썼습니다.
:)	실제로 적용할 수는 있지만 타당성이 조금 떨어지는 해결 방안을 썼습니다.
:(	실제로 적용할 수 없는 해결 방안을 썼습니다.

16

풍자와 해학

중심 인물에 ○
웃음을 유발하는 장면에 〰〰
토끼가 처한 상황에 [ ]

3회독 ★ 나타나 표지한 내용과 해시 담긴 교훈마 읽어 보세요.

토끼전

옛날 옛적 용왕들이 다스리는 물속 나라가 동서남북에 하나씩 있었다. 그 가운데 남해 용왕이 산호와 진주, 수정과 조개 등으로 화려한 세 용궁을 짓고 큰 잔치를 열었다. 남해 용왕이 용왕의 조대에 세 용왕을 모두 이끌고 참석하였고, 남해 용궁이 들썩거릴 만큼 흥겹게 놀았다. 밤낮으로 계속된 잔치는 무려 사흘 만에야 끝났다. 남해 용왕은 잔치를 치르고 나서 병에 덜커 병에 걸렸다. 남해 바다에 용하다는 의원을 모두 부르고, 온갖 약을 썼지만 용왕의 병은 쉬이 낫지 않았다.

용왕이 자신의 병을 고칠 의원 하나가 없다고 한탄을 늘어놓는데 마침 회 수염을 길게 기른 도사가 나타나 "모든 얹은 앞앞에 때에 멈춰야 하거늘, 지나치게 먹고 마시고 놀다가 얻은 병이라 약을 찾기가 더욱 어려운 것이오."라고 용왕을 크게 꾸짖었다. 도사의 말에 용왕이 살 방도를 열어 달라 매달리며 눈물을 뚝뚝 흘렸다. 용왕의 부탁에 한참 뜸을 들이던 도사가 "육은 물에 사는 토끼 간이오, 토끼 간은 신통해서 어떤 병이든 고칠 수 있다오." 하였다.

▲ 도사가 용왕에게 토끼의 간을 약으로 쓰면 병을 고칠 수 있다고 말해 준다.

이에 용왕은 곧바로 모든 신하들을 용궁 앞에 가득 모이게 하였으나 육지로 가서 토끼를 잡아 올 자를 찾았다. 용왕의 명을 받은 모든 신하들이 서로 눈치만 보고 있었다. 그러던 중에 자라가 나와 "제가 육지로 나가서 토끼를 잡아 오겠습니다."라고 하였다.

자라가 용왕 앞에 토끼를 조아리며 오지 않겠다는 토끼를 피어 데려왔다고 이르자, 용왕이 매우 기뻐하며 별주부에게 높은 벼슬을 내렸다. 자라가 돌아오기만을 목이 빠지게 기다리던 토끼는 군졸들이 우르르 달려들어 자신을 꽁꽁 묶자 까무러지게 놀랐다. 꽁꽁 묶인 채 끌려간 (토끼)는 어느새 용궁 앞에 무릎을 꿇고 있었다. 토끼가 가까스로 정신을 차리고 보니 높은 자리에 황금 왕관을 쓰고, 비단옷을 걸친 용왕과 용왕 옆에 앉아 토끼를 못 본 척하는 자라가 있었다.

[용왕이 토끼에게 "네 간이 내 병에 약이 된다 하여 데려왔으니 죽음을 슬퍼하지 말라."고 이르자 토끼는 그제야 일이 잘못된 것을 알았다. 기가 막혀 한숨을 쉰 토끼는 쓸데없는 욕심을 부리다가 자라 꼬임에 빠져 죽게 된 자신이 한심했으나, 호롱이에게 물려 가도 정신만 차리면 산다고, 재빨리 머리를 굴리기 시작했다.]

▲ 자라에게 잡혀 온 토끼가 위기에서 벗어나기 위해 꾀를 낸다.

"용왕님, 저는 달에 사는 정기를 받고, 욕 같은 이슬을 받아 마셨습니다. 그래서 제 간은 못 고치는 병이 없다오. 이 때문에 세상 사람들이 모두 제 간을 탐내지요. 그래서 간을 빼 맑은 샘물에 씻어 깊은 골짜기에 숨겨 두고 다닙니다." 토끼는 얼굴의 허무맹랑한 말에 용왕이 "토끼야, 앞뒤로 살기를 바라는 말로 감히 나를 속이려 하느냐!" 하고 호통을 쳤다. 토끼는 다시 정신이 아득해졌지만 태연한 척 웃음을 지으며 말했다. 금세라도 아이 들었다. 내가 네 간을 빼고 빼앗나면 너에게 큰 벼슬을 내리고, 제사를 지내주며 간을 구해 올 것들을 뭘 때마는 다리 신하들은 물에 나가야 하는 위험한 일 앞에서 슬금슬금 꽁무니를 뺐다. 신하들이 눈치를 보며 머뭇거리자 용왕은 몹시 화가 났다. / 신하들이 의논하여 문어를 물으로 나가게 한 전상상에 올라갈 것이라며 반대하였다. 이에 용왕이 별주부의 말을 듣고 그의 재치와 말솜씨를 칭찬하며 문으로 가.

토끼를 잡아 오면 그 공을 잊지 않겠노라 말한다. 높은 벼슬자리가 탐난 자라가 용왕에게 인사를 올린다.

▲ 높은 벼슬자리가 탐난 자라가 용왕에게 토끼를 잡아오겠다고 한다.

혼자 읽기

1 용왕 **2** 간 **3** 자라 **4** 간

★ 새로 알게 된 낱말이나 어려운 낱말을 써 보세요.

110~111쪽

1 ❶ 용왕 ❷ 자라 ❸ 토끼 2 (1)① (2)③ (3)② 3 ④ 4 ⑤
5 ⑤ 6 정희 7 예시 답안 참고

중심 사건 파악하기

1 용왕이 병에 걸리자 토끼의 간이 약이 된다고 하여 별주부(자라)가 토끼를 꾀어 용궁으로 데리고 온다. 토끼는 자신의 간을 뭍에 놓고 왔다고 하며 용왕을 속여 살아난다.

인물의 성격 파악하기

2 (1) 자신의 병을 고치려고 토끼를 죽이려고 하는 용왕은 이기적이고 권위적인 인물이다.
(2) 높은 벼슬자리가 탐나 토끼를 잡아 용궁으로 데려가는 자라는 충성심과 권력욕이 강한 인물이다.
(3) 자라에게 속아 죽을 위기에 처하지만 기지를 발휘해 위기를 극복하는 토끼는 꾀가 많고 말주변이 뛰어난 인물이다.

묻는이의 대상 파악하기

3 ㉠은 자신의 모습을 위해 다른 동물의 모습을 가벼이 여기는 용왕이 제일 심하게 비란내가 나는데도 신하들 탓만 하는 용왕의 모습을 통해 웃음을 유발하고, 남 탓만 하는 무능력한 무능력한 지배층을 간접적으로 비판하고 있다.

묻는이의 방법 파악하기

4 ㉡은 자신의 모습을 위해 다른 동물의 모습을 가까이 여기는 용왕이 태도를 과장해서 나타내고, 토끼에 대한 동정심이 들게 하여 웃음을 유발하고 있다.

생활에 어울리는 속담 추론하기

5 헛된 욕심을 부리다가 위험에 처한 토끼는 피를 내어 위기를 극복할 방법을 생각하고 있다. 이런 토끼의 상황에 어울리는 속담은 '호랑이에게 물려가도 정신만 차리면 산다.'이다. 이 속담은 아무리 위급한 일을 당하더라도 정신만 똑똑히 차리면 위기를 벗어날 수가 있다는 말이다.

① 넓은 세상의 형편을 알지 못하는 사람을 비꾸적으로 이르는 말이다.
② 뭍지 못한 일을 저질러 놓고 엉뚱한 수작으로 넘기려 하는 일을 비꾸적으로 이르는 말이다.
③ 강한 자들끼리 싸우는 통에 아무 상관도 없는 약한 자가 중간에 끼어 피해를 입게 됨을 비유적으로 이르는 말이다.
④ 아무리 비밀로 한 말이라도 반드시 남의 귀에 들어가게 되므로 말조심해야 한다는 말이다.

감상하기

6 자라는 벼슬자리가 탐나서 위험을 무릅쓰고 뭍으로 가서 토끼를 잡아 온 것이므로, 이런 자라를 존경할 만한 지배층의 모습으로 해석하는 것은 알맞지 않다.

7 예시 답안

용왕은 자신의 모습을 위해 권력을 이용해 토끼의 모습을 빼앗으려고 하고 있다. 이로 보아 「토끼전」은 자신의 욕심을 채우려고 힘없이 희생시키는 지배층을 비판하고 있음을 알 수 있다.

😀	묻는의 대상과 그 대상을 묻자하여 무엇을 말하고자 했는지 알맞게 썼습니다.
🙂	묻는 대상과 묻자를 통해 말하고자 한 것을 썼으나 묻자 대상과 그 대상을 묻자하여 말하고자 하여 알맞게 연결해 쓰지 못했습니다.
🙁	묻는 대상과 그 대상을 묻자하여 말하고자 한 것 모두 쓰지 못했습니다.

17 과정 짜임으로 요약하기

웹툰을 그려요

3회독

★ 내가 표시한 내용과 내용과 답을 비교하며 읽어 보세요.

설명 대상에 ○
과정을 알 수 있는 부분에 ～～～
웹툰의 특징에 [ ]

인터넷을 통해 즐길 수 있는 디지털 만화를 가리키는 웹툰은 '웹(Web)'과 '카툰 (Cartoon)'을 합쳐 만든 말입니다. 과거에는 종이 만화책을 사거나 빌려서 읽었지 만, 요즘에는 스마트폰이나 컴퓨터로 만화를 쉽게 볼 수 있습니다. [언제 어디서 나 접할 수 있고, 참신한 소재가] 늘어나면서 웹툰의 인기는 날로 높아지고 있습니다.

▲ 디지털 만화를 가리키는 웹툰의 인기가 날로 높아지고 있습니다.

웹툰을 만드는 과정 은 여러 단계로 나뉩니다. 첫 번째 기획 단계에서는 웹툰으로 그릴 이야기를 구상합니다. 이때 주제, 배경, 등장인물 등을 설정하고 전체적인 흐름을 잡습니다. 그다음에 웹툰의 각 회차 주요 사건과 전체적인 흐름을 잡으며 대략적인 이야기를 구성합니다.

▲ 웹툰을 만드는 첫 번째 과정은 기획입니다.

두 번째 단계는 등장인물 구상과 스토리보드 만들기입니다. 먼저 이야기에 나오 는 인물들의 외모와 성격을 구성합니다. 인물마다 특징을 부여하여 보는 사람들이 쉽게 구분할 수 있도록 합니다. 그다음에 이야기의 흐름에 따라 큰 틀의 장면을 스 케치하는 스토리보드를 만듭니다. 스토리보드에 대략적인 장면을 배치하고 시간 과 공간을 연결합니다.

▲ 웹툰을 만드는 두 번째 과정은 등장인물 구상과 스토리보드 만들기입니다.

세 번째 단계는 스케치입니다. 스토리보드를 참고해 실제 크기의 그림을 그리는 과정으로 세밀한 장면을 구성하고, 인물의 위치나 표정, 카메라 각도를 결정합니 다. 이 단계에서 웹툰의 시각적인 요소들을 구체화합니다.

▲ 웹툰을 만드는 세 번째 과정은 스케치입니다.

네 번째 단계는 그리기입니다. 이때 스케치를 바탕으로 그림을 자세히 그려 나가 며 인물과 배경의 세밀한 요소를 정확하게 묘사하는 작업이 이루어집니다. 색칠과

장에서는 그려진 장면에 색을 입힙니다. 세상은 웹툰의 분위기를 결정하는 중요한 요소 중 하나입니다. 밝고 화려한 색상과 어두운 색상 중 어떤 세상을 사용하는지에 따라 이야기의 분위기가 달라집니다. 그리기 단계의 마지막은 글자 입력입니다. 그 림에 대사와 설명을 추가하고 글자의 크기, 세상, 폰트를 장면에 맞게 조정합니다.

▲ 웹툰을 만드는 네 번째 과정은 그리기입니다.

마지막으로 전체 흐름을 검토하고 수정하는 편집 작업을 합니다. 웹툰은 이 단계에서 장면 간의 전환과 글자의 가독성을 확인합니다. 웹툰은 장면과 장면의 연결이 중 요하므로 [편집 과정에서 영화처럼 다양하게 연출합니다.] 같은 장면을 반복하 여 주제를 강조하거나 확대하여 장면을 재미있게 표현할 수 있습니다. 웹툰은 상 하 또는 좌우로 화면을 이동하며 연속적으로 사건을 보여 주어 생동감을 높입니 다. 이러한 구성 때문에 웹툰은 동영상이나 애니메이션을 보는 것과 같은 경험을 제공합니다.

▲ 웹툰을 만드는 다섯 번째 과정은 편집입니다.

이렇게 여러 과정을 거쳐 만들어지는 웹툰은 디지털 플랫폼의 발달과 함께 전 세계적으로 더욱 큰 인기를 끌고 있습니다. 웹툰은 영화, 드라마, 게임 등 [다른 미디어와의 연계가 활발해지면서 독자들에게 풍부한 경험을 제공하고, 콘텐츠 산 업에서 중요한 위치를 차지] 하게 되었습니다.

▲ 웹툰은 전 세계적으로 인기를 끌고 있고 콘텐츠 산업에서 중요한 위치를 차지합니다.

주제 읽기

1 기획 **2** 인물 **3** 색칠 **4** 편집

★ 새로 알게 된 낱말이나 아래의 낱말들을 써 보세요.

116-117쪽

1 ③   2 ①   3 ④   4 ㉣ → ㉮ → ㉯ → ㉭   5 ⑤
6 ⑤   7 예시 답안 참고

세부 내용 파악하기

1 이 글에서는 웹툰의 뜻과 어원, 현황을 제시한 후 웹툰을 만드는 과정을 상세히 설명한 다음 웹툰의 미래에 대한 전망을 덧붙이고 있다.

세부 내용 파악하기

2 ① 문단에 따르면 언제 어디서나 볼 수 있고 참신한 소재가 늘어나면서 웹툰의 인기가 날로 높아진다고 하였다.
② 웹툰은 인터넷을 통해 즐길 수 있는 디지털 만화로 스마트폰이나 컴퓨터로 쉽게 볼 수 있다.
③ 디지털 플랫폼의 발달과 함께 웹툰은 전 세계적으로 더욱 큰 인기를 끌고 있다.
④ 참신한 소재가 늘어나면서 웹툰의 인기가 높아지고 있다.
⑤ 웹툰은 이동할 때, 잠자기 전 등 언제 어디서나 접할 수 있다.

과정 짜임으로 요약하기

3 과정의 짜임으로 정리하면 일의 절차와 순서, 변화 과정을 효과적으로 파악할 수 있다. 따라서 이 글을 과정의 짜임으로 요약하면 웹툰을 그리는 과정을 순서대로 알 수 있다.

일의 과정 파악하기

4 웹툰은 기획, 등장인물 구상과 스토리보드 만들기, 스케치, 그리기, 편집의 순서로 만든다. ㉮는 기획, ㉯는 등장인물 구상과 스토리보드 만들기, ㉭는 그리기, ㉮는 편집 단계에서 이루어지는 일이다.

글의 위치 파악하기

5 제시된 글에서는 웹툰의 구성 특징을 제시하며 그 특징 때문에 웹툰이 동영상이나 애니메이션을 보는 것과 같은 경험을 제공한다고 설명하고 있다.
따라서 웹툰이 영화처럼 다양하게 연출하고 장면과 장면을 연결할 때 여러 가지 효과를 줄 수 있다는 내용 뒤에 들어가는 것이 가장 어울린다.

반응의 적절성 파악하기

6 문단에서 웹툰이 다른 미디어와의 연계가 활발해지면서 콘텐츠 산업에서 중요한 위치를 차지하게 되었다고 했으므로, 웹툰이 장차되면 영화나 드라마 등 다른 미디어에도 영향을 미칠 것이라고 예측할 수 있다.

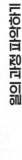

7 예시 답안

1단계: 흙을 말랑하게 만들어 원하는 모양으로 빚음.
2단계: 도자기를 그늘에서 말려 초벌구이를 함.
3단계: 유약을 발라 재벌구이를 함.
4단계: 가마에서 나온 도자기를 식힘.

😆	도자기 만드는 방법을 단계가 드러나게 순서대로 요약하여 썼습니다.
🙂	도자기 만드는 방법을 요약하여 썼으나 순서가 드러나지 않거나 알맞지 않았습니다.
☹	도자기 만드는 방법을 요약하여 쓰지 못했습니다.

18

토론 유형

- 토론 주제에 ○
- 양측 주장의 근거에 ~~~
- 양측 반론 내용에 [ ]

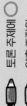

3회독 ★ 내가 표시한 내용과 해설 내용을 비교하며 읽어 보세요.

관광지에 세금을 부과해야 한다

사회자: 코로나19 사태가 진정되면서 세계 유명 관광지에 관광객이 몰려 각종 문제가 발생하고 있습니다. 그래서 세계 유명 관광지에 관광세를 부과하는 방안이 추진되고 있습니다. 지금부터 (관광지에 세금을 부과해야 한다.)라는 주제로 토론을 시작하겠습니다. 먼저 찬성 측 근거를 들어 주장을 펼쳐 주십시오.

토론 주제

▲ 토론 배경과 주제 제시

💧 주장 펼치기

찬성 측: 저는 '관광지 세금 부과'에 찬성합니다. 그 까닭은 과잉 관광을 막을 수 있기 때문입니다. 과잉 관광은 관광객이 한곳에 몰려 수용할 수 있는 한계를 뛰어넘는 것을 말합니다. *찬성 측의 근거①* 과잉 관광은 관광지의 환경 파괴는 물론 교통 문제, 소음 공해 문제를 일으키며, 거주민들의 삶의 질까지 떨어뜨립니다. 관광세를 부과하면 관광지에 사람이 집중되는 것을 막아 관람객에게 더 나은 경험을 제공할 수 있고, 거주민들의 삶의 질도 향상될 것입니다.

또 지속 가능한 관광을 할 수 있습니다. *찬성 측의 근거②* 관광세는 방문객들에게 그들이 방문하는 곳에 대한 책임감을 가지게 하고, 지속 가능한 관광을 장려하는 역할을 합니다. 아름다운 자연을 누리면서도 그것을 보호할 수 있도록 도와 미래 세대마저 관리까지 보장해 주는 것입니다.

▲ 찬성 측의 주장과 근거

사회자: 이번에는 반대 측 근거를 들어 주장을 펼쳐 주십시오.

반대 측: 저는 '관광지 세금 부과'에 반대합니다. 관광세 부과로 관광객이 줄어 관광 수입이 줄어들면 지역 경제에 타격을 주고 관광 산업이 무너질 수 있습니다. *반대 측의 근거* 이런 우려 때문에 태국은 2023년에 관광세 도입을 추진했다가 연기했고, 부탄 또한 관광세를 부과하며 관광객을 통제하다가 관광 활성화를 위해 관광세를 줄였습니다. 제주도 역시 10여 년 전부터 환경보전분담금이라는 이름의 관광세 부과를 추진했지만, 관광객이 줄어드는 데다 세금에 대한 부정적 시각이 많아 시행하지 못하고 있습니다.

그리고 관광세는 공정하지 않습니다. 특정 관광지에만 세금을 부과하면 해당 지역만 환경이 보호되고, 그 지역 거주민들만 혜택을 받습니다. 또 모든 사람이 자유롭고 공평하게 누릴 수 있어야 하는 관광지에 세금을 내 경제력을 갖춘 사람만 볼 수 있게 하는 것은 공정하지 않습니다.

▲ 반박 측의 주장과 근거

💧 반론하기

사회자: 이번에는 반대 측에서 찬성 측 주장에 대해 반론해 주십시오.

반대 측: 찬성 측 의견 잘 들었습니다. 찬성 측에서는 관광세를 부과하면 과잉 관광을 막아 환경을 보호하고, 지역 주민의 삶이 향상된다고 하셨습니다. *찬성 측 주장에 대한 반대 측의 반론* 하지만 [관광세를 부과하여 관광객이 줄어들면 관광업의 수입이 줄어들 수 있습니다.] 오히려 지역 주민의 삶이 떨어질 수 있습니다. 그리고 일자리를 잃는 사람도 생길 수 있습니다. [실제로 코로나19 때 프랑스는 관광객의 발길이 뚝 끊겨 약 20만 개의 일자리가 사라지기도 했습니다.]

▲ 반대 측의 반론

사회자: 다음으로 찬성 측에서 반대 측 주장에 반론해 주십시오.

찬성 측: 저도 반대 측 의견 잘 들었습니다. [반대 측에서는 관광세를 부과하면 관광 산업이 무너져 지역 경제에 타격을 입을 수 있다고 하셨습니다.] 그런데 [과잉 관광으로 관광지의 환경 오염과 훼손이 심각해지면 관광 산업은 지속할 수 없습니다.] *반대 측 주장에 대한 찬성 측의 반론* 많은 사람이 찾는 필리핀의 아름다운 섬 보라카이는 해변의 오염 문제와 폐기물 관리 문제로 2018년 4월부터 10월까지 6개월간 섬 전체를 폐쇄했습니다. 이는 수용 가능한 범위를 넘어서 관광객이 모여들면 관광지가 파괴되어 아예 관광 산업을 할 수 없게 되다는 것을 보여주는 예입니다.

▲ 찬성 측의 반론

정리하기

1 세금   2 과잉   3 경제   4 반론

★ 새로 알게 된 낱말이나 어려운 낱말을 써 보세요.

1 ⑤ 2 ❶ 과잉 ❷ 지속 가능 ❸ 지역 경제 ❹ 공정 3 ㉯, ㉱
4 ①, ⑤ 5 ⑤ 6 예시 답안 참고

토론 목적 파악하기

1 이 토론의 목적은 관광세 부과에 대한 찬성과 반대 의견을 밝히고 상대방을 설득하는 것이다.

일론 내용 파악하기

2 찬성 측에서는 관광세를 부과하면 과잉 관광을 막을 수 있고 지속 가능한 관광을 할 수 있다는 점을 근거로 들어 관광지에 세금을 부과하는 것을 찬성하고 있다. 반대 측에서는 관광세 부과가 지역 경제에 타격을 주고 관광 산업이 무너질 수 있으며 공정하지 않다는 점을 근거로 들어 관광지에 세금을 부과하는 것에 반대하고 있다.

토론 유형 파악하기

3 '관광지에 세금을 부과해야 한다.'는 어떤 문제를 해결할 방법을 다루는 정책 토론의 주제이다. 보기의 ㉯와 ㉱도 현재 처한 문제의 해결 방안을 다루는 정책 토론의 주제이다.
㉮ 증거를 바탕으로 사실이나 아니나를 밝혀야 하는 사실 토론의 주제이다.
㉲ 어떤 것이 좋은지 나쁜지에 관해 가치 판단이 필요한 가치 토론의 주제이다.

토론 방법 파악하기

4 반론하기는 상대편의 주장과 근거, 근거 자료가 알맞지 않다는 것을 밝히는 토론 단계이다. 이 토론의 반론하기 단계에서는 찬성 측과 반대 측 상대방의 주장을 요약하고 그에 대한 반박을 정리하여 제시하고 있다.
② 판정하기 단계에 대한 설명이다.
③, ④ 주장 다지기 단계에 대한 설명이다.

토론의 내용 추론하기

5 주장 다지기에서는 상대측이 제시한 반론이 잘못되었음을 지적하고, 자기편의 주장을 요약하여 강조해야 한다. 빈칸 앞 문장에 반대 측이 제시한 반론의 문제점을 밝히고, 뒤에서 관광세 부과에 대한 긍정적 영향을 제시하고 있으므로 빈칸에는 ⑤처럼 찬성 측의 주장이 제시되어야 한다.

6 예시 답안

찬성 측의 근거가 타당하지 않다고 생각한다. 관광세 부과로 관광객이 줄어들어도 관광객이 한곳에 몰리는 과잉 관광 문제가 해결되는 것은 아니다. 과잉 관광 문제를 해결하려면 관광세를 부과할 것이 아니라 관광객 수를 통제해야 할 것이다.

반대 측에서 제시한 근거는 타당하다. 태국, 부탄, 제주도의 예에서 알 수 있듯 관광세를 부과하는 일에 부정적 시각이 많이 있다. 따라서 관광세를 부과하기 전에 관광객의 인식을 바꾸어 관광지에서 발생하는 문제를 해결하는 것이 바람직하다고 생각된다.

이에 나는 반대 측의 주장이 더 설득력 있다고 판정한다.

:D	판정 기준에 따라 토론을 평가하고 올바른 판정을 내려 썼습니다.
:)	토론 결과에 대한 판정을 내렸으나 판정 기준에 따라 토론 내용을 알맞게 평가하지 못했습니다.
:(	토론에 대한 자기 생각만 쓰고 토론 결과를 판정하지 못했습니다.

19

글에 드러나지 않은 내용 추론

- 중심 글감에 ○
- 추론에 근거가 되는 중심 문장에 ～～
- 힘리적인 선택의 의미가 드러난 부분에 [ ]

★ 새로 알게 된 낱말이나 어려운 낱말을 써 보세요.

3회독 ★ 내가 표시한 내용과 예시 답을 비교하며 읽어 보세요.

재미없는 영화를 끝까지 보아야 할까?

담수는 운동을 할지 영화를 볼지 고민하다가 영화를 보기로 하고 극장에 갔다. 영화표를 15,000원에 구매하고 영화를 보는데, 시작된 지 30분 만에 나가고 싶었다. 재미도 없고 불쾌한 장면도 많이 나왔기 때문이다. 그런데 지출한 돈 15,000원이 아까워서 참고 계속 보았다. 담수가 지출한 영화표 값 15,000원은 영화를 보지 않든 이미 발생하여 되돌릴 수 없는 돈이다. 이와 같이 선택을 번복해도 이미 지출되어 되돌릴 수 없는 비용을 (매몰 비용)이라고 한다.

▲ 매몰 비용은 이미 지출되어 선택을 번복해도 되돌릴 수 없다.

매몰 비용은 앞으로 일어날 일과, 물을 다시 주워 담을 수 없듯이 매몰 비용 또한 주워 담을 수 없다. 그러므로 의사 결정이나 선택에 영향을 미쳐서는 안 된다. 담수가 영화를 계속 볼지 아니면 나가서 다른 활동을 할지 결정할 때 이미 지출한 값이 없이 고려되어서는 안 된다는 말이다. 그런데 대부분 담수처럼 매몰 비용의 영향을 받는다. 지출한 비용을 포기하는 것이 아깝기 때문이다. 경제적으로 합리적인 선택을 하려면 재미없는 영화를 보면서 1시간 30분을 낭비하지 않고, 더 유익하게 시간을 보내는 것이다.

▲ 매몰 비용은 의사 결정이나 선택에 영향을 미쳐서는 안 된다.

담수와 같이 이미 지출된 매몰 비용을 고려하여 의사 결정을 내리는 오류를 (매몰 비용의 오류)라고 한다. 흔히 매몰 비용의 오류를 '콩코드 오류'라고도 한다. 그 이유는 다음과 같다. 1962년 영국과 프랑스 양국은 여러 나라의 큰 기대 하에 초음속 여객기인 '콩코드' 개발에 들어갔다. 그러나 빠른 속도에만 몰두한 나머지 여러 문제점을 놓쳤다. 비행기 설계를 너무 촘촘하게 설계해 탑승 인원이 제한되었고, 연료 소모량이 많고 연료가 20%나 비싸 사업성이 떨어졌다. 일반 비행기보다 2배 빠른 속도로 이동 가능했지만, 비행기표값이 너무 비쌌다. 여행객들은 실용성과 경제성이 떨어지는 콩코드기를 조금씩 외면했다. 하지만 영국과 프랑스는 콩코드 운항을 쉽게 멈추지 못했다. 지금까지 들인 투자 비용이 아깝고, 또 두 나라의 명예가 걸린 사업이었기 때문이다. 문제점을 알게 되었을 때 즉시 운항을 멈췄어야 했는데, 힘겹게 사업을 이어 오다가 콩코드는 운항 27년 만인 2003년에야 운항 중단 결정을 내렸다. 2003년 콩코드 운항 중단 결정을 내렸을 때도 손해는 눈덩이처럼 불어나 있었다. 이처럼 들이릴 수 없는 비용이 아까워 잘못된 결정을 하기보다는 앞으로의 선택을 현명하게 하는 것이 중요하다.

▲ 매몰 비용의 오류는 매몰 비용을 고려하여 의사 결정을 하는 오류이다.

그렇다면 매몰 비용의 오류를 범하지 않는 합리적인 선택은 어떤 것일까? 일반적으로 [내가 고른 것과 포기한 것을 비교했을 때 내가 고른 것에 대한 만족도가 더 높아]면 사람들은 합리적인 선택을 했다고 생각한다. 선택을 할 때 '이 선택이 나에게 꼭 필요한 것인지, 그 일을 하는 데 시간과 돈이 얼마나 드는지, 그 일을 하면 무엇을 얻을 수 있는지'를 생각하면 합리적인 선택을 하는 데 도움이 된다. 담수가 재미없는 영화를 계속 보지 않고 영화관을 나와서 운동을 했다면 영화를 보려고 낸 돈은 아깝지만 남은 시간의 만족도가 높아졌기 때문에 합리적인 선택을 한 것이다. [합리적인 선택이 필요한 이유는 잘못된 선택을 하면 우리가 가진 시간과 돈이 낭비되고 필요한 것을 할 수 없기 때문이다.]

▲ 매몰 비용의 오류를 범하지 않는 합리적인 선택이 필요하다.

수능 한끼

1 지출 2 물 3 매몰 비용

128~129쪽

1 매물 비용 2 ④ 3 강희 4 ① 5 ⑤ 6 ⑤
7 예시 답안 참고

중심 내용 파악하기

1 선택을 번복해도 이미 지출되어 버렸기 때문에 되돌릴 수 없는 비용을 '매몰 비용'이라고 한다.

세부 내용 파악하기

2 영국과 프랑스는 콩코드에 들인 투자 비용이 아깝고, 콩코드 사업에 두 나라의 명예가 걸려 있었기 때문에 콩코드 운항을 멈추지 못했다.
① 콩코드기의 비행기표값은 너무 비쌌다.
② 영국과 프랑스는 콩코드 여객기 운항에 문제점을 앓고 있었다.
③ 너무 좁게 설계해 탑승 인원이 제한되었고 연료 소모량이 많고 연료가 비싸 사업성이 떨어졌다.
⑤ 빠른 속도로 이동이 가능했지만, 시간이 지나면서 여행객들은 싼 요금과 경제성이 떨어지는 콩코드기를 외면했다.

내용 추론하기

3 담수에게 매몰 비용은 이미 지출한 영화 표 값이 없다. 담수는 영화 표를 사기 위해 지불한 돈이 아까워 재미없고 불쾌한 장면도 많이 나오는 영화를 참고 계속 봤으므로 매몰 비용의 오류를 범하였다고 추론할 수 있다.

내용 추론하기

4 ㉠의 앞부분에서 영국과 프랑스가 콩코드가 힘겹게 콩코드 사업을 이어 왔다고 하였으며, 뒷부분에 들이일 수 없는 비용이 아까워 잘못된 결정을 하였다는 내용이 이어지는 것으로 보아, ㉠에는 콩코드 사업을 중단했을 때는 막대한 손해를 보았다는 내용이 들어가야 한다.

다른 상황에 적용하기

5 이 글에서는 내가 고른 것과 포기한 것을 비교할 때 내가 고른 것에 대한 만족도가 높은 것이 합리적인 선택이라고 말하고 있다. 이때 매몰 비용이 아까워 잘못된 결정을 하는 것은 합리적 선택이 아니라고도 하였다. 드가 온라인으로 신발을 산 것은 되돌릴 수 없는 매몰 비용을 고려하지 않고 자기 발에 맞는 신발을 다시 사서 만족도를 높였으므로 합리적 선택을 한 것이라고 할 수 있다.

내용 추론하기

6 대부분의 사람들이 담수처럼 매몰 비용의 영향을 받는다고 하며 그 이유가 지출한 비용을 포기하는 것이 아깝기 때문이라고 한 것으로 미루어 볼 때 많은 사람들이 이미 지불한 비용을 아까워 매몰 비용을 포기하지 못한다는 것을 추론할 수 있다.

7 예시 답안
· 나의 선택과 그 이유: - 나는 뮤지컬을 보러 가지 않을 것이다. 이미 지출한 뮤지컬 표값은 아깝지만, 힘들게 뮤지컬을 보러 가는 것보다 집에서 편하게 쉬는 것이 만족도가 더 높기 때문이다.
- 나는 뮤지컬을 보러 갈 것이다. 이미 지출한 뮤지컬 표값에 상관없이 보고 싶은 뮤지컬이고, 날씨가 안 좋다고 집에서 쉬는 것보다 뮤지컬을 보는 것이 만족도가 더 높을 것이기 때문이다.

:D	매몰 비용을 받히고 합리적인 선택의 기준을 근거로 자신의 생각을 썼습니다.
:)	합리적인 선택의 기준을 근거로 자신의 생각을 썼으나 매몰 비용을 받히지 못했습니다.
:(	자신의 생각을 썼으나 합리적인 선택의 기준을 근거로 듣지 못했고, 매몰 비용도 받히지 못했습니다.

20

독해의 요소

- 등장인물에 ◯
- 해설과 지문 대사에 〰
- 배경을 알 수 있는 부분에 [ ]

3회독

인생 최대의 위기

1 ⊙극의 시작을 알리는 음악 소리. [학교 가는 길. 김이찬, 책가방을 메고 등장.] [배경이 드러남.]

김이찬: (노래 부르며 서서) 기쁘다 구주호 구주호, 하고 가자! / 구주호 책가방을 질질 끌며 느린 걸음으로 등장.

구주호: 아, 몰라, 우리 엄마가 또 이상한 책 읽고 있다고.

김이찬: 엄마가 책 읽는 게 뭐가 문제야?

구주호: 책 읽는 걸로 끝나지 않으니까 문제지, 작년 겨울 방학 때 내가 학원 다니느라 놀지도 못한 거 생각나?

김이찬: 그럼, 생각나지. 시험 전날에도 축구하고 놀던 애가 방학하자마자 공부한다고 해서 전체 웃겼잖아.

구주호: 그때도 우리 엄마가 책 읽어서 그렇게 된 거라고. 책 제목이 『쉿! 방학 때 몰래 성적 올리기』였거든.

▲ 구주호는 엄마가 책을 읽어서 자신이 겨울 방학 때 학원에 다니느라 놀지 못했다고 생각한다.

2 김이찬: 그래도 학원 금방 그만뒀잖아.

구주호: 우리 엄마가 또 다른 책을 읽고 있었으니까. 책 제목이 『잘 노는 아이가 결국 성공한다』였거든.

김이찬: 아하, 그래서 실컷 놀아도 괜찮았구나.

구주호: (한숨을 쉬며) 이제 좋은 시절 다 지나갔어.

김이찬: 엄마가 또 무슨 책을 읽고 있는데?

구주호: 『진짜 공부는 5학년 때부터』, 아무래도 다시 학원 다닐 것 같아.

김이찬: 안 돼! 그럼 축구할 때 수비는 누가 해? <중략>

구주호: 으으으, 이게 다 책 때문이야! 책, 책, 책이 내 인생을 망치고 있어!

▲ 구주호는 엄마가 읽는 책이 자기의 인생을 망치고 있다고 생각한다.

---

3 [학교 가는 길. 김이찬, 책가방을 메고 무대에 서 있다.] [배경이 드러남.]

김이찬: 구주호, 학교 가자!

구주호: (노래를 부르며) 기쁘다 구주호 오셨네, 만백성 맞으라!

김이찬: 너 괜찮아? 많이 안 혼났어?

구주호: 어제는 혼났는데, 오늘은 괜찮아. 나 학원 그만두기로 했어.

김이찬: 진짜? 엄마가 그래도 된대?

구주호: 엄마가 먼저 그만두라고 한 거야. 우리 엄마가 이젯밤에 또 책을 읽었거든.

김이찬: 책? 무슨 책?

구주호: 이번에도 두 권을 한꺼번에 읽었는데, 책 제목이 뭐냐 하면…….

구주호 엄마와 학원 선생님 등장. 양쪽에서 커다란 책 표지 그림을 들고 등장. / 학원 선생님 『억지로 공부해서 꼴찌 하는 아이』 / 구주호 엄마 『답 읽는 부모』대답 읽는 부모』이어를 명한다.

▲ 구주호는 엄마가 읽는 책 때문에 학원을 그만두게 되었다며 기뻐한다.

4 구주호: 당분간은 마음대로 놀 수 있어. / 김이찬: 그럼 이따 같이 축구할래?

구주호: 어, 그런데 나 도서관에 잠깐 들러야 돼. 오늘 책 들어온다고 했거든, 마법사 나오는 책.

김이찬: 너 저번에 책이 네 인생 다 망쳤다고 하지 않았냐? (구주호 흉내 내며) 으으 으, 이게 전부 책 때문이야!

구주호: 내가? 언제? 책이 얼마나 재밌는데. 너도 축구만 하지 말고 책 좀 읽어. 사 람이 책을 읽어야지. 책은 마음의 양식이란 말도 모르냐? (노래하며) 기쁘다 세 책 나왔네, 만백성 맞으라!

구주호, 춤추듯이 걸어서 퇴장. 김이찬, 관객을 향해 어깨를 으쓱하며 웃는다. 극을 마무리하는 음악 소리. ▲ 구주호는 책이 재미있다고 하며 김이찬에게 책을 읽으라고 말한다.

| 1 책 | 2 인생 | 3 학원 | 4 책 |

★ 새로 알게 된 낱말이나
어려운 낱말을 써 보세요.

_____

_____

_____

_____

_____

이어질 내용 추론하기

5 엄마가 읽는 책이 구주호의 생활에 큰 영향을 주고 있으므로, 엄마가 새로 읽는 책의 내용에 따라 구주호가 자신과는 계획을 세워 혼자서도 잘하는 아이가 되는 내용이 이어져야 자연스럽다.

내용 추론하기

6 장면 2 는 길어진과 구주호가 대화를 나누는 장면으로 엄마가 직접 등장하지 않는다. 엄마는 두 사람의 대화에만 등장하므로 이 장면에서 엄마가 책을 읽으며 등장하는 것은 알맞지 않다.
- 도영: 장면 1 이 하교 가는 길이므로 무대 배경으로 하교가 보이는 골목이 알맞다.
- 솔별: 장면 1 과 3 에서 구주호와 길어진이 책가방을 메고 등장하므로 소품으로 책가방을 알맞다.

7 예시 답안

수업이 끝났음을 알리는 종소리. 학교 운동장 축구 골대로 뛰어가는 강길봉과 구연수.
이신비: (바쁘게 뛰어가는 강길봉의 앞을 막으며) 길봉아, 안녕?
구연수: (빨개진 얼굴로) 어, 아, 안녕!
이신비: 연수야, 반가워. 그런데 자리 좀 비켜 줄래? 나 길봉이한테 할 말 있거든.

🙂	해설, 지문, 대사를 모두 넣어 글에 나타난 상황에 맞는 희곡으로 바꾸어 썼습니다.
🙂	해설, 지문, 대사 중 두 가지를 넣어 글에 나타난 상황에 맞게 희곡으로 바꾸어 썼습니다.
🙁	해설, 지문, 대사를 넣어 희곡으로 바꾸어 쓰지 못했습니다.

134~135쪽

1 ❶인생 ❷마음　**2** ⑤　**3** (1)① (2)③ (3)②　**4** ①　**5** (2)○
6 석민　**7** 예시 답안 참고

세부 내용 파악하기

1 엄마가 읽는 책이 자신의 생활에 영향을 미쳐 자기 인생을 망친다고 생각했던 구주호는 엄마가 새로 읽는 책 때문에 하원을 그만두게 되었다며 신나한다. 이로 인해 구주호는 책이 마음의 양식이라고 하며, 책에 대한 생각이 긍정적으로 바뀌게 된다.

인물의 성격 파악하기

2 장면 2 에서 책이 자기 인생을 망치고 있다며 우울해하던 구주호는 장면 4 에서 책이 재미있다며 길어진에게 책을 읽으라고 말하고 있다. 또 책에 대한 생각이 바뀐 구주호는 도서관에 가면서 노래를 부르고 있다. 이로 보아 구주호가 변덕이 심하고 기분에 따라 행동하는 인물임을 알 수 있다.

희곡의 요소 파악하기

3 (1) ㉠은 연극이 시작되는 첫을 알려 주면서 인물, 무대 장치, 배경 등을 설명하는 해설이다.
(2) ㉡은 등장인물의 행동, 표정, 말투 등을 지시하는 지문이다.
(3) ㉢은 등장인물들이 주고받는 대사이다.

상황에 어울리는 지문 찾기

4 장면 2 에서 구주호는 엄마가 읽는 책 때문에 하원에 다시 다니게 될 것 같다며 우울해하고 있으므로 ㉮에는 '한숨을 쉬며'라는 지시문이 들어가야 한다. 장면 3 에서 하원을 그만두기로 한 구주호는 신이 나서 노래를 부르고 있으므로 ㉯에는 '노래를 부르며'라는 지시문이 들어가야 한다.

메모

달곰한 문해력 기본서 초등 5단계 B

펴 낸 날 2024년 11월 15일(초판 1쇄)
펴 낸 이 주민홍
펴 낸 곳 (주)NE능률

지 은 이 NE능률 문해력연구회
개 발 책 임 장명준
개   발 김경민, 유자연, 이은영, 이해준
디자인책임 오영숙
디 자 인 조가영, 한새미
제 작 책 임 한성일

등 록 번 호 제1-68호
I S B N 979-11-253-4890-0

대 표 전 화 02 2014 7114
홈 페 이 지 www.neungyule.com
주   소 서울시 마포구 월드컵북로 396(상암동) 누리꿈스퀘어 비즈니스타워 10층